60分でわかる!

THE BEGINNER'S GUIDE TO COMPANIES ACT

会社法 超入門

COMPANIES ACT

［編著］松本真輔

［著］後藤 晃輔、大島 日向 、松下 隼人、渡邉 凌

技術評論社

Contents

Part

会社の機関

機関設計のルールと各機関の役割

Part

コーポレートガバナンス

会社経営を規律する仕組み

Part 5 計算・資金調達
様々な調達方法と決算等の手続

Part

M&A
企業再編等の手法と手続

Part

解散・清算・その他
会社の消滅手続と訴訟や罰則等

凡例・略称

略称	正式名称
会	会社法（平成17年法律第86号）
規則	会社法施行規則（平成18年法務省令第12号）
計規	会社計算規則（平成18年法務省令第13号）
金商	金融商品取引法（昭和23年法律第25号）
社振	社債、株式等の振替に関する法律（平成13年法律第75号）
民	民法（明治29年法律第89号）
CGコード	コーポレートガバナンス・コード（株式会社東京証券取引所2021年6月11日）

※条文については、条番号は算用数字（1、2…）、項番号はローマ数字（Ⅰ、Ⅱ…）、号番号は丸囲みの数字（①、②…）にて略記している。

Companies Act

Part 1

会社法･会社形態･設立

会社の基本概念と設立手続

会社とは営利目的の社団法人

会社＝営利を目的とする社団法人

皆さんが知っている日本の大企業のほとんどは会社（その中でも株式会社）という組織形態をとっています。そもそもこの「会社」とは何でしょうか。

「会社」とは、①「営利を目的とする」②「社団」③「法人」であると説明されています（③について会3）。

まず、**①「営利を目的とする」**とは、**事業によって利益を得てその利益を構成員で分配することを目的とする**ことを意味しています。次に、**②「社団」**とは、**人（出資者）が集まって作る団体**のことを意味しています。最後に、**③「法人」**とは、人ではないものの、**法律によって人と同様に権利や義務の主体になることが認められた存在**のことです。ある団体が「法人」として認められると、「人」同様に、その団体を主体として、土地を所有したり、お金の貸し借りをしたり、仕入れをして商品を販売したりできるようになります。法人として認められると、仮にその構成員が多数であっても、法人との間で契約を締結すればよく、多数の構成員との間で個別に契約を締結する必要がなくなるため、法的な関係が簡明になるという利点があります。

以上をまとめますと、**「会社」とは、事業によって利益を得てその利益を分配することを目的として、人が集まって作った団体であり、権利・義務の主体になることができるもの**ということになります。

会社の特徴【図表1】

①「営利を目的とする」
＝事業によって利益を得てその利益を構成員で分配

※営利を目的としない団体
医療法人・学校法人・NPO法人等

②「社団」
＝人（出資者）が集まって作る団体

③「法人」
＝人同様に権利義務の主体となることができる

※出資者のことを**社員**という
※１人だけが社員となる一人会社も認められている

まとめ	□会社とは、事業によって利益を得てその利益を分配することを目的として、人が集まって作った団体であり、権利・義務の主体になることができるもの

002 Companies Act

株式会社とは株式の発行により出資を募る会社

▶ 株式会社　～「株式」と「株主」

会社の中で最も使われている組織形態が**株式会社**です。

株式会社は、**株式**を発行し、出資を募ります。この株式を取得することによって株式会社の出資者（＝社員）になった人のことを**株主**といいます（P.26）。

株主は、会社が稼いだ利益の分配を受けることができます。この利益の分配のことを**配当**といいます。逆に、株式会社が多額の借金を抱え倒産した場合には、出資したお金が返ってこないこともあります。ここで重要なのは、会社がどれだけ多額の借金を抱えたとしても、**株主が負う責任は、自らが出資した金額が戻ってこないという範囲に限定されており、それ以上に株主が責任を負うことはない（＝有限責任** 会104**）**ということです。

また、原則として、株主は、自己の所有する**株式を自由に譲渡できます**。出資をやめたくなった場合には、株式を譲渡してその代金を得ることで、資金を回収し、出資をやめられます。

最後に、株式会社の経営は、取締役や取締役会が行うこととされています。取締役・取締役会は株主である必要はありません（**＝所有と経営の分離）**。株主は自ら経営を行う必要はなく、プロに経営を任せられる仕組みとなっているのです。

株式会社は、このような仕組みによって、より多くの人から出資を集め、より大きな事業を行うことに適した組織形態であるとされています。

▶ 株式会社の仕組み【図表1】

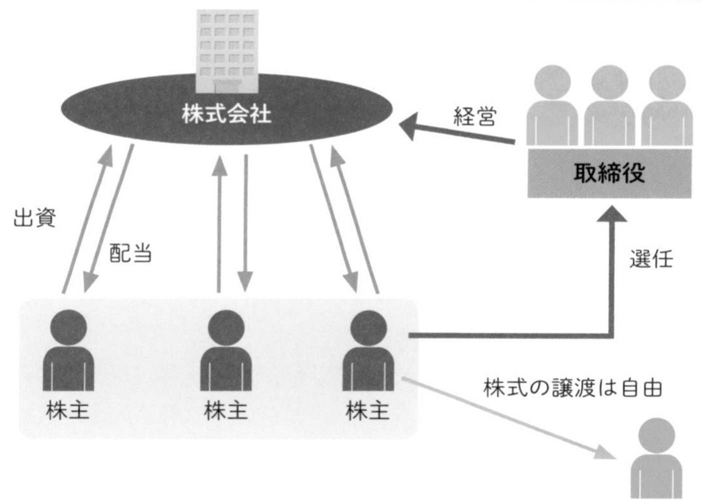

▶ 株式会社の特徴【図表2】

①株主の責任は出資額の範囲に限定される

②株主は原則として自己の所有する株式を自由に譲渡できる

ただし、不特定多数の人が株主になることを避けたい場合には、定款で株式の譲渡を制限することが可能

③所有と経営の分離

なお、株主が取締役になって経営を行うことも妨げられない

まとめ	□株式会社は、株式の発行によって出資を募る会社である □株式会社には、株主の責任が有限、株式を自由に譲渡できる、経営を株主が行う必要はないという特徴があり、より多くの出資を集め、大きな事業を行うことに適している

会社法は会社の基本ルールを定める法律

▶ 会社法　～会社関係者の利害を調整する基本ルール

会社法は、会社の設立・組織・運営・管理といった会社の基本となるルールを定めた法律です（会1）。

具体的なルールの内容は次項以降に説明しますが、**会社法は、**こうしたルールを通じて、**会社と会社に関わるさまざまな利害関係者の調整**を図っています。株式会社の場合には、出資者である**株主**、経営を行う**取締役**、会社に対して債権（請求権）を持つ**取引先や銀行**等の利害関係者が存在し、会社法はこれらの利害関係者の調整を図っています。

たとえば、会社は株主に対して配当を行うことができます（会453）が、何の制限もなく配当ができるとなると、配当によって会社財産が枯渇してしまい、取引先や銀行等に対して支払いができなくなってしまうということになりかねません。そこで、会社法は、会社の財産の状態に応じて、配当できる上限の額（**分配可能額**（会461）。P.126）を定めることによって、この問題に対処しているのです。

他方で、会社法は、すべての利害関係者の利益調整のルールを定めているわけではありません。たとえば、会社で働く従業員は、会社にとって非常に重要な存在ですが、会社と従業員の関係については、会社法には定められておらず、労働基準法や労働契約法といった法律によって定められています。会社の経済活動についてどのようなルールがあるかを知るためには、会社法以外の法分野についても知る必要があります。

会社法による利害調整の一例【図表1】

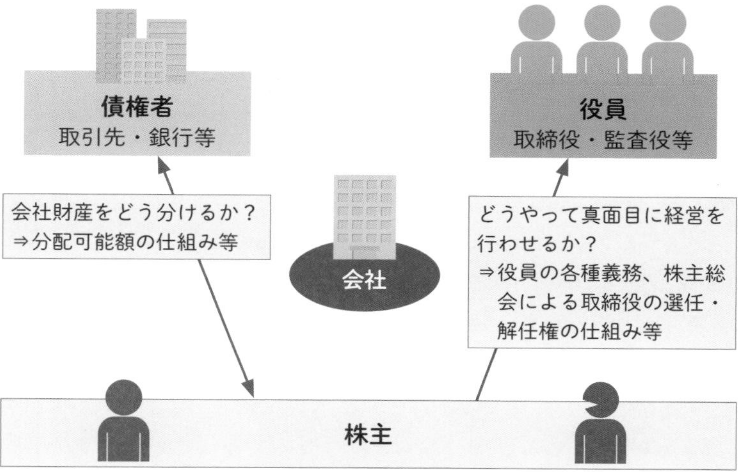

会社法以外の会社に関係する重要な法律【図表2】

法律	概要
民法	取引関係をはじめとする民事の原則となるルールを定める
金融商品取引法	金融市場・資本市場におけるルールを定める
労働法 労働基準法・労働契約法等	会社と労働者の関係を規定するルールを定める
倒産法 破産法・民事再生法・会社更生法等	経営困難な会社の運営や財産の分配のルール等を定める

まとめ

- □ 会社法は、会社の設立・組織・運営・管理といった会社の基本ルールを定めた法律であり、これらのルールを通じて、会社のステークホルダーの利害調整が図られている

会社法の制定とその後の改正

「会社法」の制定

会社法は、**会社法の施行に伴う関係法律の整備等に関する法律**(平成17年法律第87号）並びに関連政省令である**会社法施行令**（平成17年政令第364号)、**会社法施行規則**及び**会社計算規則**と合わせて平成18年5月1日に施行されました。会社法制定以前の**商法**（明治32年法律第48号）第2編、**有限会社法**（昭和13年法律第74号）及び**商法特例法**（昭和49年法律第22号）等の関連規定が会社法に集約され、現代語化され、中小会社法制の見直し、定款自治の拡大、合併等の組織再編行為に関する規律の合理化を含め、従来の規律が体系的かつ抜本的に見直されました。

平成26年改正・令和元年改正

会社法制定後、平成26年及び令和元年に会社法及び関連省令の改正がありました。**平成26年改正**（平成26年法律第90号）では、コーポレート・ガバナンスの強化を図り、親子会社に関する規律を整備するため、**監査等委員会設置会社**、**社外取締役**、**多重代表訴訟**、**内部統制システム**、**特別支配株主の株式売渡請求**、**株式併合**等の改正がありました。また、**令和元年改正**（令和元年法律第70号）では、コーポレート・ガバナンスの更なる拡充のため、株主総会及び取締役に関する事項を中心に、**株主総会資料の電子提供制度**、**株主提案権**、**取締役報酬**、**会社補償**、**D&O保険**、**社外取締役**、**株式交付制度**等に関する改正がありました。

平成26年改正の主な改正条項一覧【図表1】

監査等委員会設置会社制度の新設	2条11号の2、 399条の2～399条の14
社外取締役の要件の厳格化等	2条15号、327条の2
多重代表訴訟（特定責任追及の訴え）（親会社株主による子会社の取締役の責任追及のための代表訴訟制度）の新設	386条、399条の7、408条、847条の2～842条の4、849条、853条
内部統制システムの企業集団の体制の規定の整備	362条4項6号、規100条1項5号イ～ニ
特別支配株主の株式売渡請求制度の新設	179条～179条の10
株式併合の株主保護手続の拡充	180条～182条の6

令和元年改正の主な改正条項一覧【図表2】

株主総会資料の 電子提供制度の新設	325条の2～325条の7、911条3項12号の2
株主提案権制限	305条4項、5項
取締役報酬に関する規律の見直し	361条1項3号～6号、7項
会社補償の規律の整備	430条の2
D&O保険の規律の整備	430条の3
社外取締役の活用に関する 規律の整備	327条の2、348条の2
株式交付制度	2条32号の2、774条の2～774条の11、816条の2～816条の10、828条1項13号、2項13号等

まとめ

- □会社法の制定により商法第2編、有限会社法及び商法特例法等の関連規定が会社法に集約され、現代語化された
- □平成26年改正では、コーポレート・ガバナンスの強化及び親子会社に関する規律の整備がなされた
- □令和元年改正では、コーポレート・ガバナンスの更なる拡充がなされた

上場会社・グループ会社の関係

上場会社とは

金融商品取引法第2条第16項に規定する金融商品取引所（東京証券取引所（東証）等）に上場されている株式を発行している株式会社を一般的に**上場会社**と呼称しています。この上場会社は、その発行株式が市場で自由に取引されることから**公共性**が高く、**中長期的な企業価値向上**が期待され、**コーポレートガバナンス**（P.78）の要請も特に強くなります。また、公開会社、大会社、取締役会設置会社、会計監査人設置会社、株主が多いなど各社共通しています（P.44）。上場会社ではない会社は、**非上場会社**と呼称され、中小企業や同族会社など日本の株式会社のほとんどが非上場会社です。

グループ会社とは

株式会社及びその子会社から成る企業集団を一般的に**グループ会社**と呼称しており、**連結会社**とほぼ同義です。**子会社**は、総株主の議決権の過半数を有する会社等が経営を支配する会社で、**親会社**は、その経営を支配する会社です。その他に**関連会社**や**関係会社**があります。グループ会社の規律には、親会社株式の取得禁止 会135 や連結計算書類のほかに、平成26年改正により新たに設けられた内部統制システムや多重代表訴訟（特定責任追及の訴え）等があります（P.14）。

グループ会社イメージ【図表1】

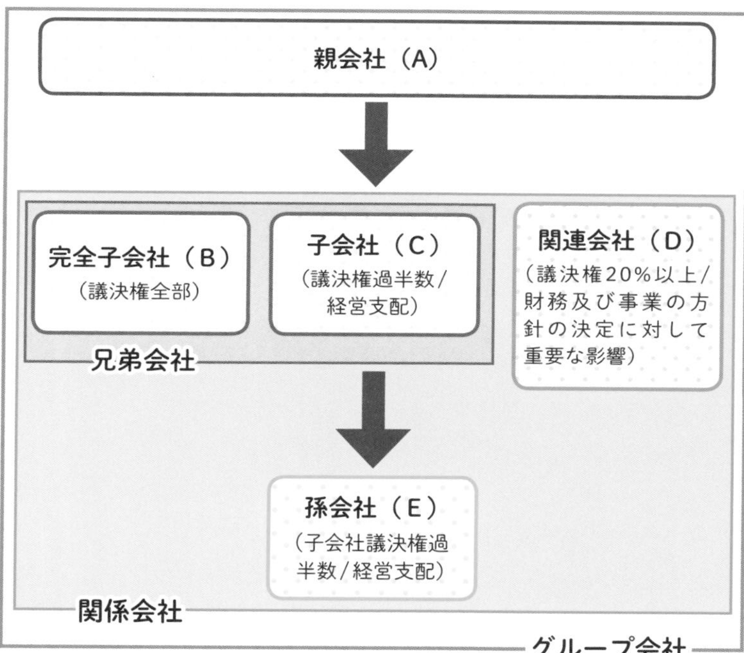

・A～E：グループ会社	・B→A：完全親会社
・A→B：完全子会社	・C・E→A：親会社
・A→C：子会社	・E→B・C：親会社
・A→D：関連会社	・B⇄C：兄弟会社
・B・C→E：子会社	・A→B・C・D・E：関係会社
・A→E：孫会社	

まとめ

- □上場会社とは東京証券取引所等の金融商品取引所に上場されている株式を発行する会社で、各社共通事項が多い
- □グループ会社とは親子会社から成る企業集団で、会社法の改正によりグループ会社の規律も新たに設けられている

006 Companies Act

持分会社とは
会社形態の選択

▶持分会社　～より結びつきの強い小規模な会社形態

会社法は、株式会社の他に**合名会社**、**合資会社**、**合同会社**会575という3種類の会社形態を用意しています。この3種類を総称して**持分**(もちぶん)**会社**会575といい、その出資者を**社員**、社員が持つ権利を**持分**といいます。

株式会社が、多くの人から出資を集め大きな事業を行うことに適した組織形態であるのに対し、持分会社は、少人数の社員同士の信頼関係に基づき、大規模ではない事業を行う場合に適した組織形態です。持分会社には、以下のような特徴があります。

まず、持分会社では、出資者が持分会社の経営に当たることが原則となっています（**所有と経営の一致**）。また、この持分を譲渡するためには、原則、**他の社員全員の同意が必要**です会585。さらに、持分会社の社員の中には、出資額の範囲に限定せず会社の債務について責任を負う**無限責任社員**（これに対し、株主と同様に出資額の範囲でのみ責任を負う社員を**有限責任社員**といいます。）がいる場合があります。合名会社、合資会社、合同会社によって有限責任社員・無限責任社員の組み合わせが決められています会576Ⅱ・Ⅲ・Ⅳ【図表2】【図表3】。会社を設立する際には、株式会社とするのか持分会社とするのかを決めることとなります。設立後にこれを変更すること（**組織変更**会743）も可能ですが、株式会社と持分会社とは特徴が全く異なるため、その変更には重い要件（全株主・全社員の同意）が課されています。

株式会社と持分会社の比較【図表1】

株式会社	持分会社
●所有と経営の分離 （株主が経営を行う必要はない）	●所有と経営の一致 （社員が経営を行う）
●株式の譲渡は原則自由	●持分の譲渡は他の社員全員の同意がなければできない
●出資額の範囲に限定して責任を負う（有限責任）	●出資額の範囲に限定せず、会社の債務について責任を負う無限責任社員がいる場合がある

無限責任社員・有限責任社員【図表2】

無限責任社員	出資額の範囲に限定せず会社の債務について責任を負う社員（会社の財産で弁済が出来ない場合、残債務について責任を負う）
有限責任社員	出資額の範囲に限定して会社の債務について責任を負う社員（会社の財産で弁済が出来ない場合でも、残債務について責任を負わない）

合名会社・合資会社・合同会社【図表3】

種類	社員の組み合わせ	近時の傾向
合名会社	無限責任社員のみ	無限責任社員の負担が大きい等の理由で、近時は減少傾向
合資会社	無限責任社員と有限責任社員	
合同会社	有限責任社員のみ	近時もベンチャー企業やファンド、外国企業の日本法人等の目的で利用

まとめ

□会社法は、株式会社の他に持分会社という会社形態を用意している。持分会社は、少人数の社員同士の信頼関係に基づき大規模ではない事業を行う場合に適した組織形態である

株式会社の設立と流れ

▶株式会社が出来るまでの大まかな流れ

株式会社を設立する方法として、**発起設立**（設立の企画者（**発起人**）が設立時の唯一の出資者（株主）となる方法）と、**募集設立**（発起人と発起人が募集した引受け手が株主となる方法）があります。実務上、簡素な手続である発起設立が多く使われるため、以下では、発起設立を念頭に置いて会社設立の流れを概観します。

まず、①**発起人が定款**（P.22）**を作成する（会社の基本的なルールを定める）**必要があります会26Ⅰ。また、②**設立時に発行する株式に関する事項（株式発行事項）を決定する（設立時の出資ルールを決める）**必要があります会32。設立時に発行する株式の数やその株式と引換えに払い込む金銭の額などを決定します。また、定款に定めることにより、金銭の払込みに代えて、金銭以外の財産を給付する（**現物出資**会28Ⅰ）こともできます。その後、③**発起人は、②で決定した株式発行事項に従って、出資額の全額を払い込む**（現物出資の場合には当該財産の全部を給付する）こととなります（**出資の履行**会34）。この払込みによって設立時の会社の財産が確保されます。また、④発起人は**設立時の役員を選任**します。選任された役員は、⑤設立手続に法令・定款違反がないか等を調査する役割を担う会46とともに、設立後はそのまま会社の役員に就任します。

そして、基本ルールの策定、会社財産の確保、役員人事の決定といった準備を経て、⑥設立の登記を申請し、**設立の登記がなされることで会社が成立**します会49。

▶ 株式会社の設立の流れ（発起設立）【図表1】

① **発起人による定款の作成**
（会社の基本的なルールの策定）

② **株式発行事項の決定**
（設立の際の会社の出資ルールの決定）

③ **出資の履行**
（設立時の会社の財産の確保）

④ **設立時役員の選任**
（設立後の役員人事の決定）

⑤ **設立事項調査**
（設立の手続に問題がないかのチェック）

⑥ **登記**
（会社の設立）

まとめ

□基本的なルールの策定、会社財産の確保、設立後の人事決定等の会社の基礎的な準備を整えた上で、登記がされることで会社は成立する

定款は会社組織・運営の基本ルール

会社の基本的なルール

会社を設立する際には**定款**を作成する必要があります会26Ⅰ。

定款は、会社の組織・運営等に関する基本的かつ根本的なルールです。たとえば、目的（会社が営もうとする事業）、商号（会社の名称）、本店の所在地会27等は、必ず定款に記載する必要があり、これらの記載がない定款は無効となります（**絶対的記載事項**）。また、株式の譲渡制限会107Ⅰ①・108Ⅱ④（P.36）のように、定款に必ず記載する必要があるわけではないものの、定款に記載しておかなければ効力が発生しない事項（**相対的記載事項**）もあります。これら以外についても、法律や公序良俗に違反しない限り、会社は自由に定款に記載することができます（**任意的記載事項**、【図表1】）。

定款に記載された内容は、定款を作成した発起人だけではなく、**会社の株主や会社の機関等を拘束**します。たとえば、会社の取締役は、定款の規定に従って業務執行を行う義務を負います。また、株主総会において決議された場合であっても、その決議の内容が定款に違反する場合には、その株主総会決議は取り消されるおそれがあります会831Ⅰ②。

定款は会社の基本的かつ根本的なルールであるため、慎重に作成する必要があります。また、その変更の手続きについても、**会社設立後の変更には、株主総会の特別決議（出席株主の議決権の３分の２以上の賛成）が必要**とされており会466・309Ⅱ⑪、慎重な手続きが定められています。

定款に記載する事項【図表1】

絶対的記載事項 記載しなければ、定款が無効になってしまう事項	目的、商号、本店所在地、設立に際して出資される財産の価額またはその最低額、発起人の氏名・名称および住所、発行可能株式総数
相対的記載事項 記載しなければ、効力が認められない事項	株式の内容についての特別な定め、単元株式、基準日、公告方法、変態設立事項、機関設計に関する事項等
任意的記載事項 絶対的・相対的記載事項には該当しないが、会社が自らの判断で記載する事項	事業年度、役員の員数、株主総会に関する事項（開催月、議長等）、株式の取扱に関する事項等

参考となる定款【図表2】

①全国株懇連合会「定款モデル」

実務上よく参照されているスタンダードな定款モデル。

https://www.kabukon.tokyo/data/data/laws/laws_1-1-1.pdf

②東証上場会社の定款

東京証券取引所に上場している企業の定款は、日本取引所グループのウェブサイト内の東証上場会社情報サービスにて検索・閲覧可能。

https://www.jpx.co.jp/listing/co-search/index.html

③日本公証人「定款等記載例」

非上場会社の記載例も紹介されている。

https://www.koshonin.gr.jp/format

まとめ

- ☐定款は、会社の組織・運営等に関する基本的なルール
- ☐会社の株主や機関は、定款の内容に拘束される

Column

東証の市場区分の見直しとPBR改善要請

◯東証の市場区分の見直し

東京証券取引所（東証）には、市場第一部・第二部、マザーズおよびNASDAQの4つの市場区分に分かれていました。しかし、各市場区分のコンセプトが曖昧で、投資家にとってわかりにくかったことから、2022年4月4日、グローバルな投資家との建設的な対話を中心に据えた企業向けの「プライム市場」、公開市場における投資対象として十分な流動性とガバナンス水準を備えた企業向けの「スタンダード市場」、高い成長可能性を有する企業向けの「グロース市場」の3つの市場区分に変更されました。

もっとも、円滑な移行を図るために経過措置が設けられたことから、市場一部に上場していた企業が、プライム市場の基準を満たしていないにもかかわらず、プライム市場に上場するという事態が生じ、2023年8月時点で1833社中281社がプライム市場の本来の基準を満たしていないという問題も生じています。

◯東証のPBR改善要請

東証は、2023年3月31日、プライム市場の過半数、スタンダード市場の約6割の上場企業がROE（自己資本利益率。企業の自己資本に対する当期純利益の割合）8%未満、PBR（株価純資産倍率。株価を1株当たり純資産額で割った数値。これが1倍を割ると、解散して残余財産を株主に分配したほうがいいことになります。）1倍割れという状況を受けて、プライム市場・スタンダード市場上場企業に対し、資本コストや株価を意識した経営を行うよう異例の要請をしました。

これを受けて、プライム市場・スタンダード市場の上場企業は、資本コストや株価の現状分析を行い、改善に向けた計画を策定・開示し、取組みを実行することが求められています。

Companies Act

Part 2

株式・新株予約権

株式等の基本概念とその関連制度

株式とは
出資により株主が得る権利の総体

▶株主の地位の強弱は株式の数で決まる

株主とは、株式会社の出資者であり、株式とは、出資により株主が得る権利の総体（一つにまとめた概念）を意味します。

株式会社において、株主は出資額を支払う義務のみを負い、会社や会社債権者に対しては責任を負いません（**株主有限責任の原則**、P.10 会104）。これにより、投資リスクが明確化されています。また、株式は均一な大きさに切り分けられ、株主の地位の強弱は、資金力等の人的要素ではなく、株式の数というシンプルな基準で決まり、結果的に、多くの人からの出資を得ることが可能になります。このため、株式は、**株主としての地位が細分化された均一の割合的単位の形にしたもの**と定義されます。

上記のとおり、株主の地位の強弱は株式の数で決まるため、同数の株式を持つ株主を平等に扱う必要があります。また、株式には普通株式の他に種類株式がありますが（P.28）、同じ内容の株式を持つ株主も平等に扱うことが必要です。このように、所有する株式の数及び内容に応じて、株主を平等に取り扱うとする原則を、**株主平等原則**といいます 会109 I。株主平等原則に違反する定款の定め、株主総会・取締役会の決議、取締役の業務執行等は、例外 会109 II・III を除き、すべて無効となります。

株主の権利は、①**自益権**と**共益権**、②**単独株主権**と**少数株主権**にそれぞれ分類され、会社は、株主の権利行使に関し、何人に対しても財産上の利益を供与してはいけません（**利益供与の禁止**、会120）。

自益権と共益権【図表1】

1．自益権（会社から経済的利益を受ける権利）

- **剰余金配当請求権** 会105Ⅰ①
  会社の事業継続中に、会社財産の分配を求める権利
- **残余財産分配請求権** 会105Ⅱ②
  会社の解散・清算時に、会社財産の分配を求める権利
- **株式買取請求権** 会182の4等
  一定の場合に、会社に対して保有株式の買取りを求める権利　など

2．共益権（会社の経営に参画し、又は経営を監督是正する権利）

- **株主総会における議決権** 会105Ⅰ③
  株主総会の議案に一票を投じる権利
- **株主提案権** 会303～305
  株主総会の議題・議案（P.50）を提案する権利 会831等
- **株主総会決議取消訴訟等の訴訟の提訴権**
  株主総会決議取消訴訟等の会社に関する訴訟を提起する権利　など

単独株主権と少数株主権【図表2】

1．単独株主権（1株のみを持つ株主でも行使できる権利）

- 自益権すべて
- 共益権のうち、株主総会の議決権、議案の提案権 会304Ⅰ　など

2．少数株主権（一定数以上の株式を持つ株主のみが行使できる権利）

- 取締役会設置会社における株主総会の議題の提案権 会303Ⅱ
- 取締役の解任訴訟の提訴権 会854　など

まとめ

- □株式とは、出資により株主が得る権利の総体
- □株式は均一に細分化されており、所有する株式の数及び内容に応じて、株主を平等に取り扱わなければならない（株主平等原則）

株式の種類とその発行手続

▶通常とは異なる内容の株式を発行できる

会社が通常と異なる内容の株式を発行する場合には、(1) その会社の**全株式について特別な内容を定める場合**会107Ⅰと (2) **内容の異なる複数種類の株式（種類株式）を発行する場合**（一部の株式にのみ特別な内容を定める場合会108Ⅰ）があります。

(1) 全株式について特別な内容を定める場合、通常と異なる内容として定められる事項は、【図表1】の３つに制限されています。発行手続としては、**株主総会特別決議**により、**定款に必要事項を定める**ことが必要です会107Ⅱ・466・309Ⅱ⑪。ただし、**発行株式の全部を譲渡制限株式とする場合、株主総会特殊決議**（P.46）が必要です会309Ⅲ①。

これに対し、(2) 種類株式を発行する場合は、通常と異なる内容として、【図表2】の９つの事項を定めることが可能です。⑧と⑨に登場する「**種類株主総会**」は、特定の種類の株式を持つ株主のみにより構成される会議体です。また、発行手続については、原則として、**株主総会特別決議**により、**定款に種類株式の内容と発行可能総数を定める**ことが必要です会108Ⅱ。ただし、一定の重要事項を除き、定款で内容の要綱のみを定め、具体的な内容は取締役会（ない会社では株主総会）により決定することも可能です会108Ⅲ 規則20。

(1) と (2) に加え、**非公開会社**（株式の全部を譲渡制限株式とする会社）では、種類株式を発行していない場合でも、剰余金配当・残余財産分配・議決権につき、株主ごとに異なる取扱いをする旨を定款に規定できます（**属人的みなし種類株式、**会109Ⅱ）。ただし、この場合の定款変更には**株主総会特殊決議**会309Ⅳが必要です。

▶全株式について特別な内容を定める場合に定めることができる3つの事項【図表1】

① 譲渡制限株式	株式譲渡に会社の承認を要する株式
② 取得請求権付株式	株主が会社に対して取得（買取り）を請求できる株式
③ 取得条項付株式	一定の事情により会社が株主から強制取得できる株式

▶種類株式に定めることができる9つの事項【図表2】

① **剰余金の配当**　他の種類の株式より優先的に配当を受ける株式（優先株式）と劣後的的に配当を受ける株式（劣後株式）がある
② **残余財産分配**　①と同様
③ **議決権制限種類株式**　株主総会において議決権を行使できる事項が制限された株式
④ **譲渡制限種類株式**　【図表1】の①と同様
⑤ **取得請求権付種類株式**　【図表1】の②と同様
⑥ **取得条項付種類株式**　【図表1】の③と同様
⑦ **全部取得条項付株式**　株主総会決議により、会社が株主からその全部を強制取得できる株式
⑧ **拒否権付種類株式**　一定の事項を決定する場合に、種類株式総会の承認が必要である旨が定められた株式
⑨ **選解任種類株式**　種類株主総会の決議により取締役・監査役を選任する旨が定められた株式

種類株主総会は特定の種類の株式を持つ株主のみで構成

まとめ

- □会社は、通常とは異なる内容の株式を発行できる
- □全部を通常と異なる株式とするか、一部のみとするか選択可能

株主名簿と基準日制度

会社が株主を認識するための名簿

会社は、**株主名簿**を作成し、【図表1】の各事項を記載する必要があります会121。また、株主名簿を会社の本店、又は株主名簿管理人がいる場合にはその営業所に備え置く必要があり会125Ⅰ、**株主と会社債権者**は、原則として**営業時間内はいつでも株主名簿の閲覧やコピーを請求**できます会125Ⅱ。また、株主名簿に株主として記載されるためには名義書換の手続を執る必要があります会130。

株主名簿管理人とは、会社に代わり株主名簿に関する事務をする者をいい、株主名簿管理人を置く場合には**定款で定める**必要があります会123。実務上は、定款に基づき、株主の権利行使時の手続等の株式に関する事務的な事項を定めた「**株式取扱規程**」を作成し、その中で信託銀行等を株主名簿管理人とする事例が多くなっています。

株主が会社に権利を行使するためには、原則として**権利行使時点で株主名簿に記載**されている必要があります会130。しかし、株主が多数いると、権利行使のたびに会社が株主名簿を確認するのは大変です。そのため、特定の権利行使について、特定の日（**基準日**）に株主名簿に株主と記載されていた者（**基準日株主**）に権利行使を認めればよいという**基準日制度**があります会124Ⅰ【図表2】。これにより、基準日後に株主になった者は、原則として基準日が定められた権利を行使できません。基準日制度を利用する場合、**基準日と基準日株主が行使できる権利（基準日から３ヶ月以内に行使できるもの）を定款で定めるか、基準日の２週間前までに基準日と基準日株主が行使できる権利を公告**する必要があります会124Ⅱ、Ⅲ。

株主名簿の記載事項 会124【図表1】

①株主の氏名（名称）と住所
②所有する株式数（種類株式を所有する場合には、種類と種類ごとの数）
③株式を取得した日
④株券発行会社の場合には、所有する株式の株券番号

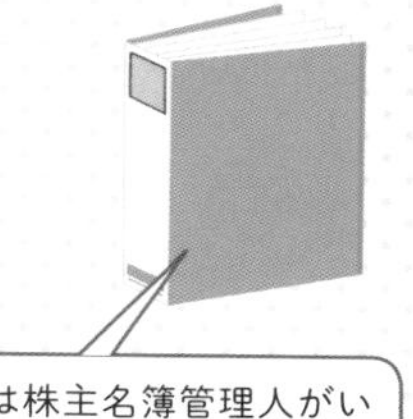

会社の本店又は株主名簿管理人がいる場合にはその営業所に備え置く

基準日制度【図表2】

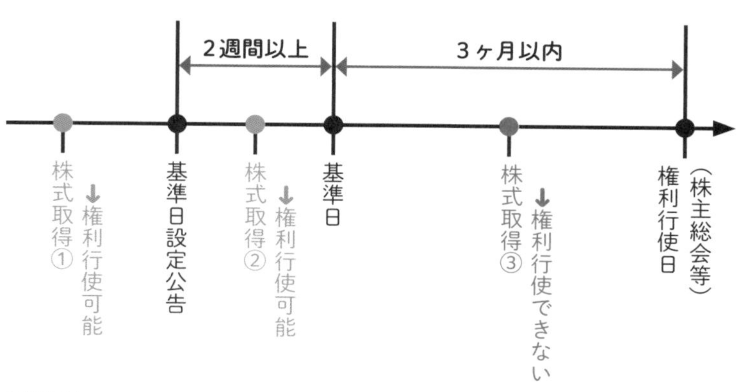

参考資料
全国株懇連合会「株式取扱規程モデル」
https://www.kabukon.tokyo/data/data/laws/laws_1-2-1.pdf

まとめ

- □株主名簿は、会社が株主を把握・管理するための名簿
- □株主と会社債権者は営業時間内はいつでも閲覧等が可能
- □基準日に株主名簿に記載されていれば、権利行使が可能
- □株主名簿への記載には名義書換が必要

株券の発行・不発行・振替株式制度

株券の発行・不発行

株券は、株主の地位を表章する有価証券です。株券の記載事項は、【図表1】のとおりです。**株券は不発行（株券不発行会社）が原則ですが、定款で定めることにより、株券発行会社**会117Ⅶ**となることができます**会214。株券発行会社は、株式を発行した日以後、遅滞なく株券を発行する必要があります会215Ⅰ。ただし、非公開会社では、株主から株券発行請求があるまでは株券の発行は不要です会215Ⅳ。また、株主は、株券紛失の危険を避けるため、会社に対して株券所持を希望しない旨申し出ることができます（**株券不所持制度**、会217Ⅰ）。また、株主が株券を喪失した場合、株券が善意の第三者に取得されるのを防ぐために会社に対して**株券喪失登録手続**をとり、株券を無効とすることができます会223・228Ⅰ。

株式振替制度

株式振替制度とは、上場会社の株券を廃止し、株主の権利の管理を、証券保管振替機構（ほふり）と証券会社等に開設された口座において電子的に行うもので（株券の電子化）、上場株式はすべてこの制度の対象（振替株式）となっています。同制度のもとでは、株主の情報が証券会社等の振替口座簿で分散管理されていることから、基準日時点の株主を確定するためには**総株主通知**が、株主が少数株主権等を行使しようとする場合には**個別株主通知**が、それぞれ必要となります。そのほか、一定の株主等への通知を公告で行うことが義務付けられる等の会社法の特例が定められています。

▶ 株券の記載事項 会216【図表1】

1	会社の商号
2	当該株券にかかる株式の数
3	当該株券にかかる株式が譲渡性株式であるときはその旨
4	種類株式発行会社においては当該株券に係る株式の種類・内容
5	株券番号

▶ 株式振替制度【図表2】

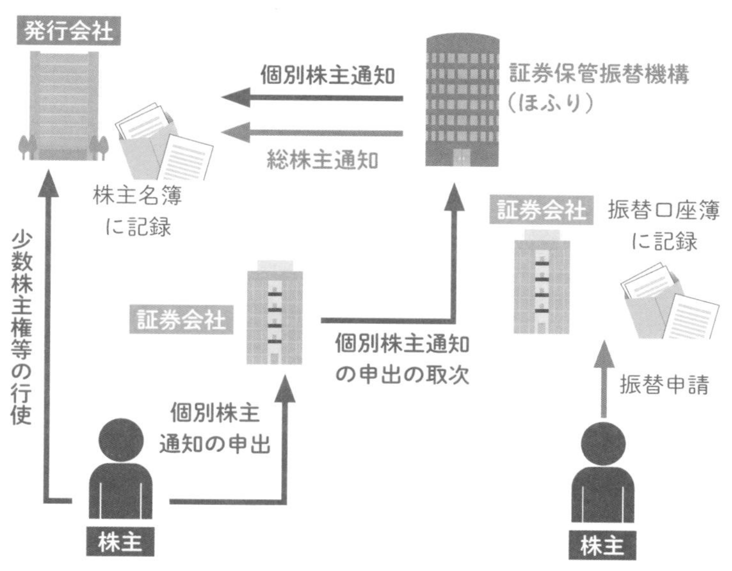

まとめ	
	□株券は株主の地位を表章する有価証券である □株券は不発行が原則であるが、定款で定めることにより株券発行会社となることができる □上場株式は振替株式制度の対象とされ、会社法の特例が定められている

株式譲渡の方法

株式譲渡の方法・会社・第三者に権利を主張するための要件

株式譲渡の方法は、①株券発行会社の株式、②振替株式、③株券不発行会社の振替株式以外の株式で異なります。

①株券発行会社の株式については、株券の交付により株式を譲渡します（会128Ⅰ）。株券の占有者は適法な株主と推定され（会131Ⅰ）、占有者から株券を交付された者は、占有者が株主でなくても、それを知っていた場合（悪意）と知らなかったことに重過失がある場合を除き、株式を適法に取得します（**善意取得**、会131Ⅱ）。そのため、株券を所持していれば、第三者に対し、自分が株主であると主張して権利を行使すること（対抗）ができますが、会社は株主名簿で株主を管理しているため、会社に対抗するには株主名簿の名義書換が必要です。

②振替株式については、買主の振替口座簿に株式の増加を記載・記録し、売主の振替口座簿に株式の減少を記載・記録することで株式を譲渡します。また、振替口座簿の記載・記録があれば第三者に対抗できますが、会社に対抗するためには基準日等の株主については**総株主通知**による株主名簿の名義書換が、それ以外の株主については**個別株主通知**が、それぞれ必要です。

③株券不発行会社の振替株式以外の株式については、売主・買主の意思表示のみによって株式を譲渡することができますが、第三者と会社に対抗するためには、株主名簿の名義書換が必要です。

なお、株主名簿の名義書換には、【図表2】のような手続が必要となります。

株式譲渡時の各要件の様式を満たす方法【図表1】

	①株券発行会社	②振替株式	③株券不発行会社の振替株式以外の株式
株式譲渡の効力発生要件	・当事者の意思表示 ・株券の交付	・当事者の意思表示 ・振替口座簿の記載・記録	当事者の意思表示
第三者への対抗要件	株券の所持	振替口座簿の記載・記録	株主名簿の名義書換
会社への対抗要件	株主名簿の名義書換	株主名簿の名義書換又は個別株主通知	株主名簿の名義書換

名義書換の手続【図表2】

① 株券発行会社の株式

買主（新株主）が株券を提示して単独で名義書換を請求すれば、会社は原則としてそれに応じる義務を負う 会133ⅠⅡ 規則22Ⅰ①

② 振替株式

個別に名義書換を行うわけではなく、基準日を定めた場合等、株主全員が一斉に権利を行使する場合に、全株主の振替口座簿上の情報が会社に通知され（総株主通知）、会社はその情報に基づいて株主名簿の名義書換を行う

③ 株券不発行会社の振替株式以外の株式

買主は、原則として売主（旧株主）と共同して名義書換を請求しなければならない 会133ⅠⅡ

まとめ

□株式譲渡の方法や第三者・会社への対抗要件は、①株券発行会社の株式、②振替株式、③株券不発行会社の振替株式以外の株式で異なる

株式譲渡の制限

株式譲渡は、法律・定款・契約によって制限される

株主は、**保有株式を自由に譲渡できるのが原則**ですが会127、例外的に①**法律**、②**定款**、③**契約**によって**株式譲渡を制限**されます。

①について、株券発行会社では原則的に**株券発行前は株式を譲渡できません**会128Ⅱ。また、子会社は原則的に親会社株式を取得できないため会135Ⅰ、**親会社株式を子会社に譲渡できません**。

②について、定款で株式譲渡に会社の承認が必要となる旨の制限を定めることができ、定款で譲渡を制限された株式を**譲渡制限株式**といいます会107Ⅰ①・108Ⅰ④（P.28）。譲渡の承認は、原則として、**取締役会決議**（取締役会がない会社では株主総会決議）により行います会139Ⅰ。また、定款で譲渡制限を定めた場合、その旨を登記し会911Ⅲ⑦、株券発行会社では株券にも記載することが必要です会216③。なお、**上場株式に譲渡制限を付することはできません**。

③について、株主間又は株主と第三者の間の契約により株式譲渡を制限できます。一方、**会社との契約による譲渡制限の可否**については、会社が出資者である株主の資本回収を妨げ、また投機の機会を奪うとして議論がありますが、判例は、非上場会社の従業員持株会制度において、従業員が退職時に、その会社の**株式を取得価額と同額で会社又は従業員持株会に譲渡する旨の規定を適法と判断**しています。また、実務上、上場会社では、役員報酬として、株式譲渡を一定期間制限し、期間経過時点での勤務継続等を条件として譲渡制限を解除する旨を契約によって定めた株式（「**リストリクテッド・ストック**」といいます。P.88）が付与されることがあります。

譲渡制限の根拠と概要【図表1】

	譲渡制限の根拠	概要
1	法律	・株券発行会社では、原則として株券発行前は株式を譲渡できない 会128Ⅱ ・子会社には親会社株式を譲渡できない 会135Ⅰ 参照
2	定款	定款で株式譲渡に会社の承認が必要となる旨の制限を定め、譲渡制限株式とすることができる（譲渡の承認手続は、【図表2】のとおり）
3	契約	・株主間又は株主と第三者の間の契約により株式譲渡を制限できる ・会社と株主の契約による譲渡制限については、判例が可能と判断した事例がある

譲渡制限株式を譲渡する場合の手続【図表2】

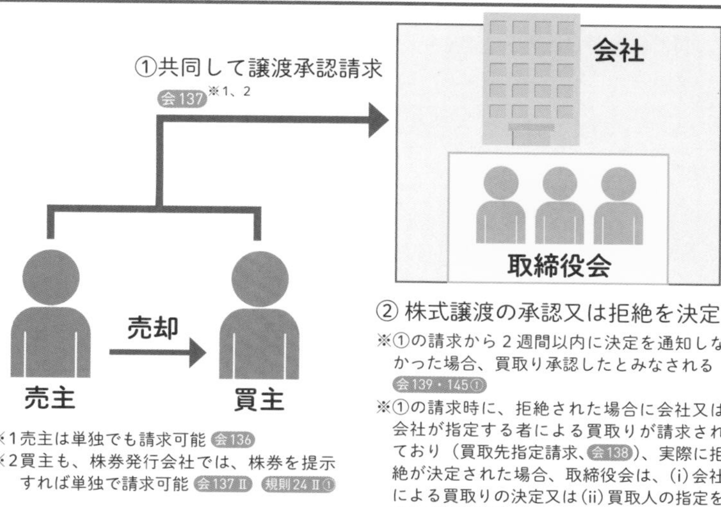

※①の請求から２週間以内に決定を通知しなかった場合、買取り承認したとみなされる 会139・145①

※①の請求時に、拒絶された場合に会社又は会社が指定する者による買取りが請求されており（買取先指定請求、会138）、実際に拒絶が決定された場合、取締役会は、(i)会社による買取りの決定又は(ii)買取人の指定を行う 会140Ⅰ・Ⅳ

※1売主は単独でも請求可能 会136

※2買主も、株券発行会社では、株券を提示すれば単独で請求可能 会137Ⅱ 規則24Ⅱ①

参考資料

経済産業省「『攻めの経営』を促す役員報酬～企業の持続的成長のためのインセンティブプラン導入の手引～」（2023年3月時点版）

https://www.meti.go.jp/press/2022/03/20230331008/20230331008.pdf

まとめ

- □株式譲渡は、法律・定款・契約によって制限される
- □定款による譲渡制限は、非上場会社でのみ定めることができ、取締役会がある会社では、取締役会が譲渡承認を行う

015 Companies Act

株式併合・株式分割、株式無償割当て・単元株式制度

▶ 投資単位の大きさを変更するための手法

市場での株式の流動性を調整する場合等に投資単位の大きさを変更する需要があり、大きくする手法として**株式併合と単元株式制度**が、小さくする手法として**株式分割**と**株式無償割当て**があります。

株式併合は、２株を１株にする等、**数個の株式を合わせて少数の株式にする**手法です会180Ⅰ。株式併合では、株式が１株に満たない端数となり、持株を失う株主が生じるため、**株主総会特別決議**が必要になり会180Ⅱ・309Ⅱ④、また、**反対株主の株式買取請求**会182の4や**端数株式の換金手続**会235等、株主保護の手続があります。

単元株式制度は、**一定数の株式をまとめて１単元とし、株主総会での議決権を１単元につき１個とする制度**です会188Ⅰ。１単元の株式数を**定款で定める**ため、導入には**株主総会特別決議**が必要です。上場会社では100株を１単元とする事例が多いですが、１単元の株式数が大きくなりすぎると株主を害するため、**1,000株又は発行済株式総数の200分の１のどちらか小さい方が上限**とされています会188Ⅱ 規則34。議決権以外の株主権は、原則としてすべて認められますが、定款で制限する旨を定めることも可能です会189Ⅱ。

一方、株式分割は、１株を２株にする等、**１株を分けて複数の株式にする**手法です会183Ⅰ。また、株式無償割当ては、会社が株主に対し、**持株数に応じて無償で株式を交付する**手法です会185。株式分割や株式無償割当てでは、株式を失う株主は生じないため、**取締役会決議**（取締役会がない会社では株主総会普通決議）により決定することができます会183Ⅱ・186Ⅰ、Ⅲ。

▶ 株式併合の手続【図表1】

① 取締役会決議
取締役会決議により、③の株主総会の招集を決定する 会298

▼

② 事前開示書類の備置
会社は、株式併合につき株主総会で決議予定の事項を記載した書類を、(i) 株主総会日の2週間前の日又は (ii) 株式併合の効力発生日の20日前の日のどちらか早い日から、効力発生日の6ヶ月後まで本店に備え置く 会182の2 I

▼

③ 株主総会特別決議
・併合比率（何株を1株に併合するか）や効力発生日等を決議する
・取締役は、株主総会において株式併合の理由を説明する 会180 IV

▼

④ 反対株主の株式買取請求権
反対株主（株主総会前に株式併合に反対する旨を会社に通知し、株主総会で実際に反対した株主、又は株主総会で議決権を行使できない株主）は、効力発生日の20日前から前日までの間、会社に対し、株式併合により端数となる保有株式を公正な価格で買い取るよう請求できる 会182の4

▼

⑤ 株式の差止請求権
株式併合が法令又は定款に違反し、かつ株主が不利益を受けるおそれがある場合、株主は会社に対して株式併合の差止めを請求できる 会182の3

▼

⑥ 株式併合の通知又は公告
会社は、株主総会で決議した事項を、効力発生日の2週間前までに、各株主に通知する又は全株主に一括して公告する 会181

▼

⑦ 事後開示書類の備置
会社は、株式併合の効力発生時点での発行済株式総数等を記載した書類を、効力発生日から6ヶ月間、本店に備置する 会182の6

▼

⑧ 端数処理手続（端数株式の換金手続）
株式併合により発生した端数株式をまとめて競売し、又は会社や第三者に売却し、その代金を端数株式の株主に分配する 会235・234

まとめ
- □ **株式併合・単元株式制度は、投資単位を大きくする手法**
- □ **株式分割・株式無償割当ては、投資単位を小さくする手法**

新株予約権

会社から株式の交付を受ける権利

新株予約権は、**会社から株式の交付を受ける権利**です会2編3章。権利者（**新株予約権者**）は、予め定めた期間（**行使期間**）内に新株予約権を行使し、予め定めた金額（**行使価額**）の払込みを行うことによって株式の交付を受けます。新株予約権者は、行使価額が行使時の株式の市場価格より低ければ利益を上げることができ、行使価額が行使時の市場株価より低ければ損をすることになります。

新株予約権の発行目的としては、①**資金調達**（P.116, 122）や②役員・従業員の**インセンティブ報酬**とすること等が挙げられます。

②インセンティブ報酬として役員や従業員に交付された新株予約権は、**ストックオプション**（P.90）と呼ばれます。自社の新株予約権を報酬として交付すると、会社が業績を上げ、市場株価が上昇するほど役員や従業員は利益を上げることができ、役員や従業員に業績を上げるインセンティブを与えられるため、インセンティブ報酬として新株予約権が活用されています。なお、上場会社の取締役報酬とする場合には、行使価額を無償とすることも可能です会236Ⅲ、Ⅳ。

新株予約権の発行には、新株発行（P.110）と同様、**株主割当て**や**第三者割当て**の類型があります。また、発行手続も新株発行と概ね同様であり、原則として募集事項の**決定→公示→申込み→割当て**を経て発行されます。さらに、公開会社の第三者割当てによる**有利発行**の場合に**株主総会特別決議**が必要となることや、発行した新株予約権の行使により**支配権が異動する場合**に、一定の株主の反対により**株主総会普通決議**が必要となることも、新株発行と同様です。

▶ 新株発行と新株予約権の発行の相違点【図表1】

相違点が生じる事項	新株発行	新株予約権の発行
会社に対する払込み	新株の払込金額の払込みのみ	①新株予約権の払込金額と②新株予約権の行使価額で2回払込み
権利者となる時点	払込期日に株式の払込金額の払込みをした時点で株式を取得する	新株予約権の払込金額の払込みをしていなくても、割当日に新株予約権を取得する 会245Ⅰ ただし、払込みをしないと、新株予約権を行使できない 会246Ⅲ
会社保有分を処分する場合の手続	自己株式の処分の場合も、新株発行と同様の手続が必要	自己新株予約権の処分の場合、新株予約権の発行時の手続は適用されない（有利発行や非公開会社における株主総会特別決議は不要）
払込金額の無償化の可否	株式の払込金額を無償にすることは、原則としてできない	新株予約権の払込金額を無償とすることが可能
金銭以外を対価とする場合（現物出資）の手続	検査役の選任が必要	検査役の選任は不要 ただし、新株予約権の行使時に現物出資をする場合は必要

まとめ
- □新株予約権は、会社から株式の交付を受ける権利
- □資金調達やインセンティブ報酬（ストックオプション）として活用されている

Column

インサイダー取引規制・大量保有報告制度

○インサイダー取引規制

インサイダー取引とは、上場会社等の関係者や関係者から内部情報の伝達を受けた者（内部者）が、上場会社等の内部情報を知りながら、その公表前に、上場会社等の株式の売買等を行うことをいい、不公正な取引として原則として禁止されています（金商166ⅠⅢ・167ⅠⅢ）。

インサイダー取引を行った者は、個人の場合、5年以下の懲役もしくは500万円以下の罰金またはこれらの双方、法人の場合、5億円以下の罰金が科される可能性があるほか、課徴金が課される可能性があります（金商175・197の2⑬・207Ⅰ②）。また、未公表の内部情報を知った関係者等は、自ら株式の売買等を行うことだけでなく、第三者に利益を得させたり、損失を回避させたりする目的で内部情報を伝達することや、株式の売買等を推奨する行為も禁止されますので、留意が必要です。

○大量保有報告制度

株式等の大量保有情報は株価に影響を及ぼしやすいことから、共同保有者の持分と併せて上場会社の株式等の5%超を保有する者（大量保有者）は、大量保有者となった日から5営業日以内に、財務局に対して大量保有報告書を提出する必要があり、その後も株式保有割合に1%以上増減があった場合等には、変更報告書の提出が必要になります（金商27の23ⅠⅣ・27の25Ⅰ）。なお、株式等の売買を頻繁に行う証券会社等については、会社に対して重要提案行為等を行う目的がなければ、変更報告書の提出は原則として月2回で足りることとされています（特例報告制度、金商27の26ⅠⅢ）。

Companies Act

Part 3

会社の機関

機関設計のルールと各機関の役割

会社の機関設計

機関設計には一定のルールがある

会社法上、株主総会、取締役、取締役会、会計参与（取締役等と共同して株式会社の計算関係書類を作成する機関、会374Ⅰ）、監査役、監査役会、会計監査人、監査等委員会、指名委員会・報酬委員会・監査委員会（指名委員会等）、執行役等が株式会社の**機関**として定められており、**すべての株式会社で株主総会と取締役の設置が義務付けられます**。会社の機関設計については、**公開会社**（株式の全部または一部に譲渡制限が付されていない会社、会2⑤）**かどうか、大会社**（資本金5億円以上または負債200億円以上の会社、会2⑥）**かどうかにより一定のルールが定められており**、その概要は【図表1】のとおりです。取締役会を設置するかどうかで株主総会と取締役の権限分配が大きく異なり、非取締役会設置会社では株主総会が何でも決められる万能の機関であるのに対し、取締役会設置会社では、株主総会の権限は法令または定款で定める事項に限定され、取締役会が意思決定の中心機関となります。

上場会社は、取引所規則により、**監査役会設置会社、監査等委員会設置会社または指名委員会等設置会社とすることが義務付けられています**。監査役会設置会社では、取締役会が重要な業務執行の決定を行う機関（**マネジメント・ボード**）であるのに対し、指名委員会等設置会社では、取締役会を主に業務執行の監視を行う機関とすること（**モニタリング・モデル**）が想定されています。監査等委員会設置会社は両者の折衷的な形態で、取締役会の構成や定款の定めによりモニタリング・モデルの採用が可能となっています。

▶ 機関設計のパターンとルール【図表1】

	非公開中小会社	非公開大会社	公開中小会社	公開大会社
取締役	○	×	×	×
取締役＋**監査役**	○	×	×	×
取締役＋**監査役**＋**会計監査人**	○	○	×	×
取締役会＋会計参与	○	×	×	×
取締役会＋**監査役**	○	×	○	×
取締役会＋監査役会	○	×	○	×
取締役会＋**監査役**＋**会計監査人**	○	○	○	×
取締役会＋監査役会＋**会計監査人**	○	○	○	○
取締役会＋監査等委員会＋**会計監査人**	○	○	○	○
取締役会＋指名委員会等＋**会計監査人**	○	○	○	○

上場会社はいずれかを選択

取締役会設置会社では取締役会が意思決定の中心

まとめ

- □すべての株式会社で、株主総会と取締役の設置が必要であり、それ以外の機関については、公開会社かどうか、大会社かどうかで一定のルールが定められている
- □上場会社は、監査役会設置会社、監査等委員会設置会社または指名委員会等設置会社とする必要がある

株主総会①
意義・権限

株主総会は株主で構成される機関

株主総会は、議決権を有するすべての株主で構成される株式会社の機関です。**株主総会には、**株式会社の事業年度終了後一定の時期に開催され、期末決算に関する決議を主な目的とする**定時株主総会と、**必要に応じて随時開催される**臨時株主総会とがあります。**

取締役会設置会社における株主総会の決議事項は、法令または定款に定める事項に限られます会295Ⅱ。株主総会の決議事項には、株主の地位に与える影響の重大性に応じて、①議決権を行使できる株主の議決権の過半数（定款で引下げ可）を有する株主が出席し、出席株主の議決権の過半数の賛成を必要とする場合（**普通決議、**会309Ⅰ）、②議決権を行使できる株主の議決権の過半数（定款で引下げ可）を有する株主が出席し、出席株主の3分の2以上の賛成（定款で引上げ可）を必要とする場合（**特別決議、**会309Ⅱ）、③議決権を行使できる株主の半数以上（定款で引上げ可）で、かつ、当該株主の議決権の3分の2以上の賛成（定款で引上げ可）を必要とする場合（**特殊決議、**会309Ⅲ）、④株主全員の同意を必要とする場合があり、各場合の主な決議事項は【図表1】のとおりです。なお、株主全員に提案・通知し、**株主全員から書面または電磁的記録により同意を得たときは、株主総会の決議・株主総会への報告を省略することも可能**です会319Ⅰ・320Ⅰ。

取締役会設置会社では、株主総会決議事項ではない事項について決議をしても、基本的には**勧告的決議**として、法律関係を生じさせるものではないと解されています。

▶ 株主総会の決議事項【図表1】

定時株主総会　臨時株主総会

普通決議 会309Ⅰ	特別決議 会309Ⅱ	特殊決議 会309Ⅲ・Ⅳ	株主全員の同意
議決権の過半数出席 + 出生株主の議決権の過半数の賛成	議決権の過半数出席 + 出席株主の議決権の2/3の賛成	株主の半数以上出席 + 出席株主の議決権の2/3の賛成	株主全員の同意
自己株式の取得 会156 役員・会計監査人の選任 会329 取締役・会計監査人の解任 会339 役員の報酬等 会361・387 準備金の額の減少 会448 剰余金の配当 会454・処分 会452 等	特定の株主からの自己株式取得 会156Ⅰ・160Ⅰ 株式併合 会180Ⅰ 監査役・監査等委員である取締役の解任 会339Ⅰ 役員等の責任の一部免除 会425Ⅰ 資本金の額の減少 会447Ⅰ 定款変更 会6章、事業の全部・重要な一部の譲渡、事業全部の譲受け 会7章、解散 会8章 組織変更、合併等の組織再編 会5編 等	発行する全部の株式に譲渡制限を付す定款変更 会309Ⅲ① 譲渡制限会社における株主ごとに異なる取扱いをする旨の定めを設ける定款変更 会109Ⅱ 等	役員等の責任緒免除 会424 株主総会の招集手続・決議・報告の省略 会300・319Ⅰ・320 等

まとめ

- □株主総会は株主で構成される機関であり、取締役会設置会社では決議事項が重要な事項に限定される
- □決議事項はその重要性に応じて要件が変わり、株主全員の書面等による同意があれば決議の省略も可能

019 Companies Act

株主総会②
招集・運営

株主総会は原則取締役が招集

株主総会は**取締役が招集するのが原則**ですが会296Ⅲ、総株主の議決権の3%以上の議決権を6ヶ月前から継続保有する**株主も**、取締役に対して議題・招集理由を示して**株主総会招集請求をすることができ**、一定の期間内に株主総会が招集されない場合は、**裁判所の許可を得てその株主が自ら招集することができます**会297ⅠⅣ。株主総会を招集するためには、株主に対して**招集通知**を送付する必要があり、公開会社では2週間前、非公開会社では1週間前に招集通知を送る必要があります会299Ⅰ。もっとも、**株主全員の同意があれば、招集手続を省略することも可能**です会300。

株主総会の**議長選任**について、会社法には定めがなく、定款に定めがあればそれにより、なければ株主総会決議により議長を選任することになります。議長は**議事整理権**会315Ⅰに基づき、議事を進行し、秩序を乱す者がいる場合には退場を命じることもできます。株主から議題に関する質問があった場合、取締役等は**説明義務**を負います会314。また、株主は、議案の修正を求める**修正動議**や、議長不信任等の**手続的動議**を提出することができ、議長はこれを議場に諮る必要があります。説明義務に違反した場合や、動議を議場に諮らなかったような場合には、決議方法の法令違反や著しい不公正として**決議取消事由**となることがあります会831Ⅰ①。

株主は当日株主総会で議決権を行使することができるほか、会社が認める場合には、事前に、議決権行使書面（**書面投票**）やインターネット等（**電子投票**）により議決権を行使することも可能です。

株主総会のルール【図表1】

	公開会社＋ 取締役会設置会社	非公開会社＋ 取締役会設置会社	非公開会社＋ 非取締役会設置会社
株主総会の権限	法令・定款に定める事項		一切の事項
株主による招集請求	3%以上の議決権を**6ヶ月継続保有**する株主	3%以上の議決権を**保有**する株主	
招集通知の発送期限	総会日の2週間前	総会日の1週間前	総会日の1週間前（定款で短縮可）
招集通知の方法	原則書面に招集決定事項を記載		規制なし
株主提案 議題の提案	1%以上または300個以上の議決権を**6ヶ月継続保有**する株主が総会日の8週間前までに請求	1%以上または300個以上の議決権を**保有**する株主が総会日の8週間前までに請求	議決権を有する株主
株主提案 議案の要領の通知請求			議決権を有する株主が総会日の8週間前までに請求
招集時の議題決定要否	必要		不要

まとめ

- □株主総会は取締役が招集するのが原則であり、議長が議事を進行し、取締役は株主からの質問に対して説明義務を負う
- □決議方法の法令違反等があれば決議が取り消されることもある

株主総会③
株主提案・委任状争奪戦

▶株主提案が近年活発化、委任状争奪戦に発展することも

非取締役会設置会社では議決権を有する株主が、取締役会設置会社では1％以上または300個以上の議決権を6ヶ月前から継続保有する株主（非公開会社では継続保有要件は不要）が、それぞれ株主総会の議題（例：取締役3名選任の件）を提案するとともに、議案（例：A・B・Cを取締役に選任する）の要領を株主に通知することを請求することができます（ただし、非取締役会設置会社の議題提案権以外は、総会日の8週間前までに行使が必要。会303・305）。これを**株主提案**といいます。1人で多数の提案を行う株主もいたことから、令和元年改正により、提案議案の個数が10個に制限されています会305Ⅳ。**アクティビスト**（**物言う株主**）の活動の活発化等もあり、近時、株主提案が増えており、経営権争いに絡む役員選解任、株主還元を求める剰余金処分や自己株式取得に加え、【図表2】のような規定を定款に設けることを求める定款変更の株主提案が増えています。

株主提案を行った株主が、自らに賛同する株主から議決権行使の代理権授与を受けるべく、**委任状勧誘**を行うことがあります。会社側でも委任状勧誘を行うことがあり、**委任状争奪戦**（**プロキシーファイト**）に発展することもあります。上場会社で委任状勧誘を行う場合には金商法上の規制（**委任状勧誘規制**）があり、勧誘者は法定の記載事項が記載された委任状用紙と参考書類を被勧誘者に交付するとともに、その写しを金融庁長官に提出する必要があるほか、虚偽記載のある書類等を使用した勧誘が禁止されます金商36の2〜4。

株主提案を受けた上場会社数の推移【図表1】

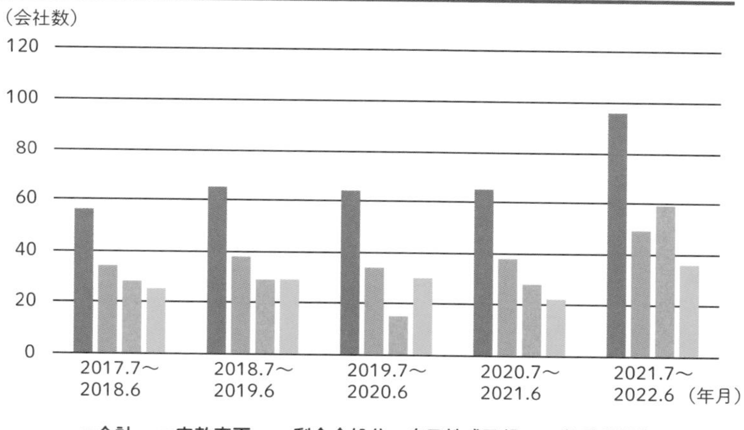

■合計　■定款変更　■剰余金処分・自己株式取得　■役員選解任

（出典）『株主総会白書2018年版～2022年版』（商事法務、2018～2022）の統計を基に筆者が作成

最近の定款変更に係る株主提案の例【図表2】

資本コストの開示	政策保有株式の売却等	相談役等の廃止
役員報酬等の個別開示	剰余金の配当・自己株式取得の基準の設置	
取締役会議長と最高経営責任者の分離	温室効果ガス削減目標を含む事業計画の策定開示	

株主総会の決議事項ではない事項も定款変更の形をとれば適法な株主提案ができることから、近年定款変更の株主提案が活発化している

まとめ

- □株主は、一定の要件のもと、株主提案をすることができ、最近、上場会社で株主提案が増えている
- □株主提案を行った株主が、委任状勧誘を行うことがあり、会社との間で委任状争奪戦に発展することもある

株主総会④
バーチャル株主総会

ハイブリッド型バーチャル株主総会

会議室等の物理的な場所で開催される**リアル株主総会**を開催しつつ、株主にインターネット等での出席・参加を認める株主総会を**ハイブリッド型バーチャル株主総会**といい、これには、株主にインターネット等での会社法上の出席を認める**出席型**と、株主にインターネット等での参加を認めるにとどまる**参加型**とがあります。ハイブリッド型バーチャル株主総会は、物理的な場所でも開催するため、**現行会社法上も可能**と解されています。出席型は、株主にインターネット等を通じた質問等を認める必要があり、会社側から見て技術的なハードルがあり、通信障害が生じた場合の決議取消リスクがあるほか、株主側から見ても会社が自らに不利な質問を取り上げない懸念（**チェリーピッキング**）があること等から、採用する会社は少数にとどまり、参加型を採用する会社の方が増えつつあります。

バーチャルオンリー型株主総会

リアル株主総会を開催せず、取締役や株主等がインターネット等で会社法上の出席をする株主総会を**バーチャルオンリー型株主総会**といいます。このようなバーチャルオンリー型株主総会は、**現行会社法上は許されない**と解されていますが、**2021年産業競争力強化法改正により**、経済産業大臣・法務大臣の確認を受け、定款に規定を置くことにより、**開催が可能とされています**。もっとも、通信障害等が生じた場合の決議取消リスクは出席型よりも大きいと思われることから、採用する会社は少数にとどまっています。

株主総会の開催形式【図表1】

リアル株主総会のみ
物理的な場所で開催し、インターネット等での出席・参加を認めない

ハイブリッド型バーチャル株主総会
物理的な場所で開催しつつ、インターネット等での出席・参加を認める

- **出席型**
インターネット等で法的な出席まで認める
- **参加型**
インターネット等で傍聴しか認めない

バーチャルオンリー株主総会
インターネット等でのみ出席・参加が可能で、物理的な場所では開催しない

バーチャル株主総会の開催状況【図表2】

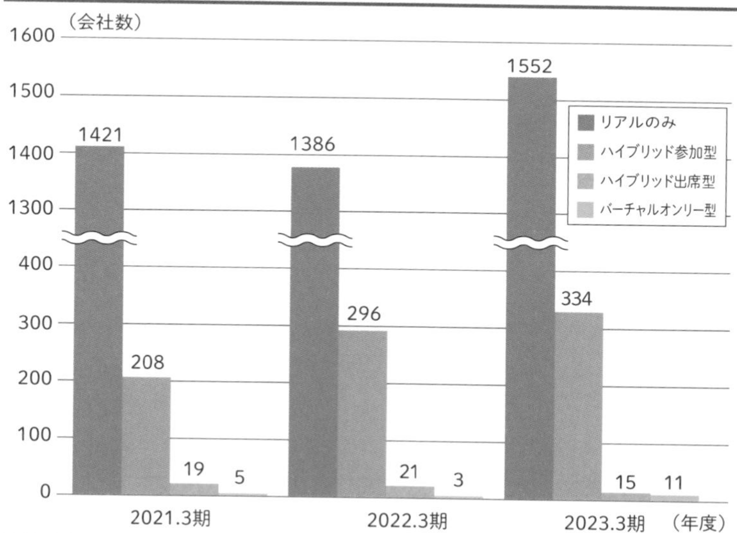

（出典）東京証券取引所の2021年3月期・2022年3月期・2023年3月期の定時株主総会の動向を基に筆者が作成

参考資料
1 経済産業省「ハイブリッド型バーチャル株主総会の実施ガイド」・「同（別冊）実施事例集」（https://www.meti.go.jp/press/2020/02/20210203002/20210203002.html）
2 経済産業省「場所の定めのない株主総会（バーチャルオンリー株主総会）に関する制度」（https://www.meti.go.jp/policy/economy/keiei_innovation/keizaihousei/virtual-only-shareholders-meeting.html）

まとめ
- □ハイブリッド型バーチャル総会は、現行会社法上も可能と解されているが、通信障害等の問題がある
- □バーチャルオンリー型株主総会は、産業競争力強化法により可能とされている

株主総会⑤　電子提供措置

株主総会資料をウェブサイトに掲載

これまで、株式会社は、株主に対して原則として書面で招集通知や株主総会資料を送付する必要があり、その一部につき、自社のウェブサイトに掲載することにより、書面への記載を省略すること（いわゆる**WEB開示**）や、株主の承諾を得ることにより電子メールで送付すること（会299Ⅲ）が認められていました。それが、令和元年改正で、定款で定めることにより、原則として株主総会の3週間前からウェブサイト上に株主総会資料（**電子提供措置事項**）を掲載すれば、株主に対してはそのURL等一定の事項を記載した**アクセス通知**を2週間前に書面で送付すれば足りることとされました【図表1】。これを**電子提供措置**といいます。上場会社は採用が義務付けられており（社振159の2Ⅰ）、2023年3月以降の株主総会から実施されています。アクセス通知に議案の説明等の補足資料を任意に添付する会社もあり、これまでと同様、株主総会資料を全部添付（**フルセットデリバリー**）する会社もあります。

インターネットの利用が難しい等の理由により書面でもらいたいという株主もいると考えられることから、株主総会の**基準日**（P.30）までに**書面交付請求**をした株主には、株主総会資料が書面で交付されることとされています。なお、株式会社は、定款で定めることにより、注記表や資本等変動計算書等、一定の事項を交付書面から省略できます（会325の4Ⅲ）。

● 電子提供措置の流れ【図表1】

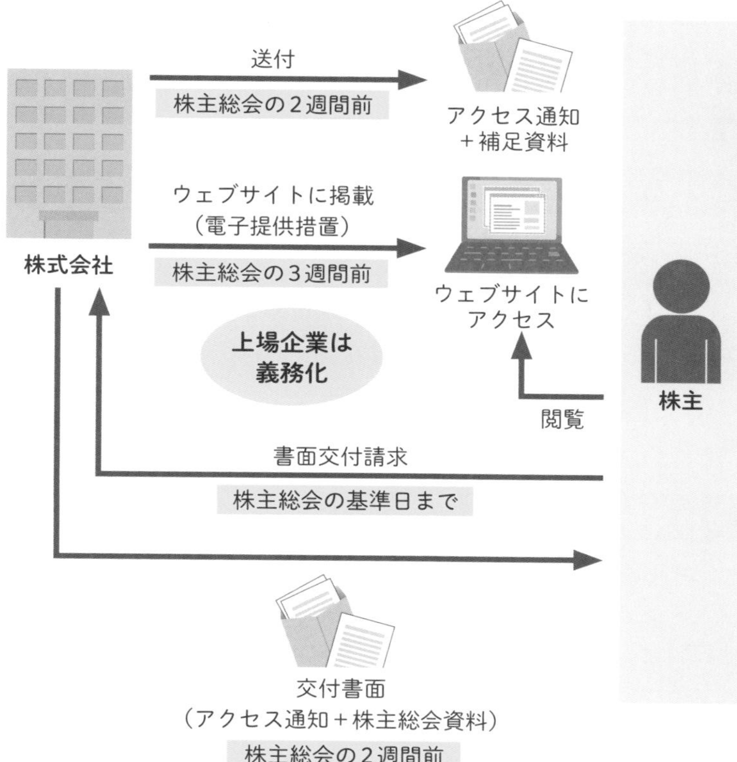

参考資料
全国株懇連合会「電子提供制度における招集通知モデル」（https://www.kabukon.tokyo/activity/data/study/study_2022_07.pdf）

まとめ

□これまで、招集通知や株主総会資料は書面で送付するのが原則であったが、定款に定めを置き、株主総会の3週間前にウェブサイトに株主総会資料を掲載すれば、URL等一定の事項を記載したアクセス通知を書面で送付すれば足りる電子提供措置制度が導入された

株主総会⑥ 課題・訴訟・種類株主総会

▶ 総会屋対策から一般株主・機関投資家対策へ

上場会社の株主総会の課題は、これまでは**総会屋**（株主権の行使を背景に会社に対して不当な利益供与を要求する株主）対策でしたが、最近は、**一般株主対策**が重要性を増しています。また、企業同士の**株式持合い**の解消が進み、**機関投資家**の株主が増加したことから、機関投資家との対話（**エンゲージメント**）や、機関投資家に議決権行使の助言を行う**議決権行使助言会社**への対応が重要性を増しています。

▶ 株主総会に関する訴え

招集手続・決議方法の法令違反または著しい不公正、決議内容の定款違反等の場合、**決議取消訴訟**（会831 Ⅰ）によることになります。提訴期間は決議日から3ヶ月で、取消判決が確定した場合、決議は遡って無効になります。株主総会の決議内容に法令違反がある場合は**決議無効確認訴訟**（会830 Ⅱ）に、株主総会決議が不存在の場合は**決議不存在確認訴訟**（会830 Ⅰ）によることになります。これらの訴えには提訴期間の制限はありません。

▶ 種類株主総会

種類株主総会（P.28）は、議決権を有するすべての株主で構成される株主総会と区別されます。また、法令・定款で定める事項に限り、決議をすることができ（会321）、その主なものは【図表2】のとおりです。

それ以外の規律については株主総会に準じます。

▶ 株主総会に関する訴訟【図表1】

訴えの種類	提訴事由	提訴期間
決議取消訴訟	招集手続・決議方法の法令違反または著しい不公正、決議内容の定款違反等	決議日から３ヶ月
決議無効確認訴訟	決議内容の法令違反	定めなし
決議不存在確認訴訟	決議の不存在	定めなし

▶ 種類株主総会の決議事項【図表2】

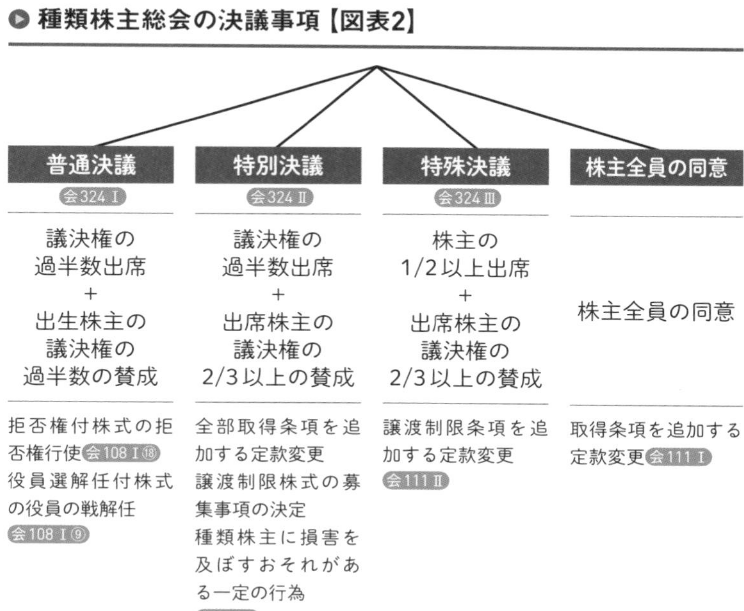

まとめ

- □ 上場会社の株主総会では一般株主対策・機関投資家対策が重要
- □ 株主総会に法令違反等がある場合には訴えが提起できる
- □ 種類株主総会の決議事項は種類株主に関する重要事項に限定されている

取締役①
意義と選解任・社外取締役・代表取締役

▶意義と選解任

取締役は、**株式会社の業務の決定・執行を行う機関**であり会348Ⅰ、**株主総会決議によって選任**されます（普通決議、会329Ⅰ）。取締役会設置会社の取締役は３人以上必要です会331Ⅴ。**任期は原則２年**ですが、定款で短縮でき、**非公開会社では定款で10年まで伸長できます**会332ⅠⅡ。取締役は株主総会の決議により解任できますが会341、解任に正当な理由がある場合を除き、解任された取締役は会社に対して損害賠償請求ができます会339Ⅱ。

▶社外取締役と代表取締役

社外取締役とは、会社と一定の利害関係を有しない取締役【図表2】の要件を満たす者）をいい会2Ⅰ⑮、独立した立場で経営陣を監督することが期待され、公開大会社である監査役会設置会社で有価証券報告書提出会社は設置が義務付けられます会327の2。社外取締役は業務執行を行えないのが原則ですが、他の取締役が業務執行をすることにより会社の利益が損なわれる場合には、**取締役（会）の決定により業務執行を委任することができます**会348の2。

非取締役会設置会社の取締役は2人以上ある場合でも各自会社を代表するのが原則ですが、定款、取締役の互選、株主総会決議により代表取締役を選定することができます会349Ⅰ～Ⅲ。取締役会設置会社では、代表取締役の選定が義務付けられます会362Ⅲ。代表取締役は会社の業務に関する一切の裁判上・裁判外の行為をする権限を有します会349Ⅳ。

取締役の意義・選解任【図表1】

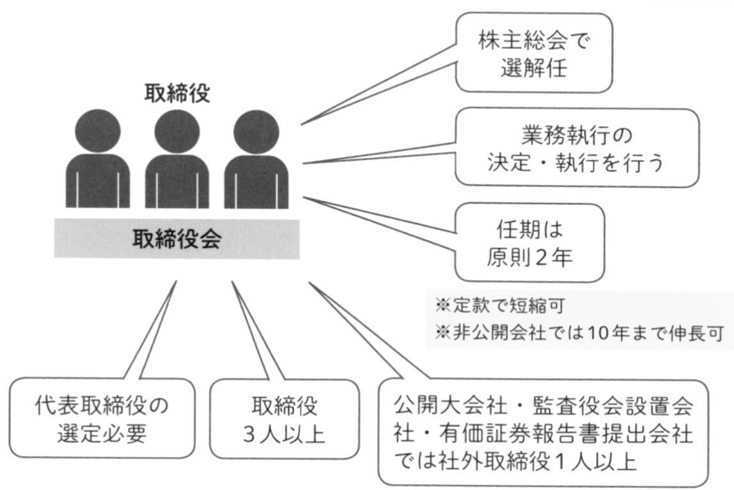

社外取締役の5つの要件【図表2】

1	現在および過去10年間、当該株式会社・子会社の業務執行取締役等でないこと
2	過去10年間に当該株式会社・子会社の取締役・会計参与・監査役であった場合は、その前10年間、当該株式会社・子会社の業務執行取締役等でないこと
3	当該株式会社の親会社等または親会社等の取締役等でないこと
4	当該株式会社の親会社等の子会社等の業務執行取締役等でないこと
5	当該株式会社の取締役等の配偶者・二親等内の親族でないこと

まとめ

☐ **取締役は業務執行の決定・執行を行う機関であり、株主総会で選解任されるが、取締役会設置会社では代表取締役の選定や、一定の場合には社外取締役の選任が必要となる**

取締役②
競業取引･利益相反取引

競業取引･利益相反取引は取締役会の承認が必要

取締役が、①自己または第三者のために株式会社の事業の部類に属する取引（**競業取引**）をしようとするとき、②自己もしくは第三者のために株式会社と取引（**直接取引**）をしようとするとき、または③取締役の債務を保証することその他、取締役以外の者との間において会社と当該取締役との利益が相反する取引（**間接取引**。②③を併せて**利益相反取引**といいます）をしようとするときは、重要な事実を開示して取締役会設置会社では**取締役会の承認**（非取締役会設置会社では株主総会の承認）**を得ることが必要**です会356Ⅰ・365Ⅰ。もっとも、取締役が会社に財産を贈与する場合や、普通取引約款により一般の顧客と同一の条件で取引をする場合等、**定型的に会社を害するおそれのない取引や、株主全員の同意を得た取引については利益相反取引の承認は不要**と解されています。また、取締役会設置会社では、競業取引や利益相反取引をした取締役は、遅滞なく取引の重要な事実を取締役会に報告する必要があります会365Ⅱ。

競業取引や利益相反取引について承認を得ていない場合はもちろん、承認を得た場合でも当該取引により会社に損害が生じたときは、取締役の任務懈怠責任会423Ⅰが生じ得ます。また、利益相反取引について承認を得ていない場合、会社は取引の無効を主張できますが、取締役は無効主張できないと解されています。また、会社も、第三者に対しては、当該第三者が悪意（重過失）である場合に限り取引の無効を主張できると解されています（**相対的無効説**）。

直接取引と間接取引【図表1】

直接取引

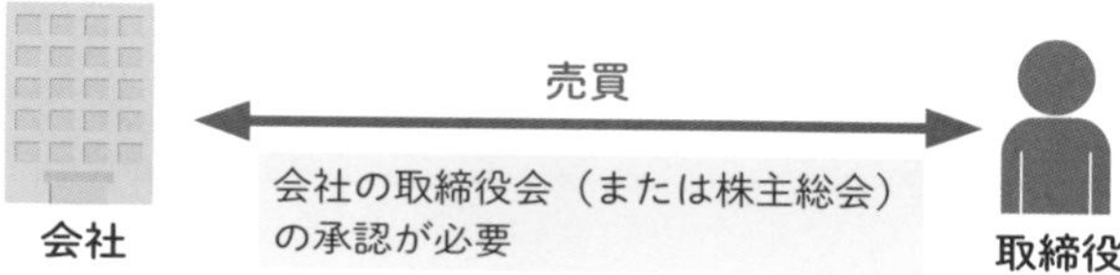

間接取引

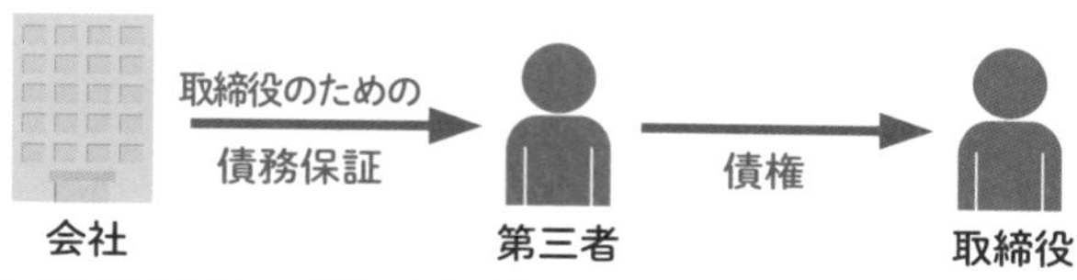

会社の取締役会（または株主総会）の承認が必要

直接取引

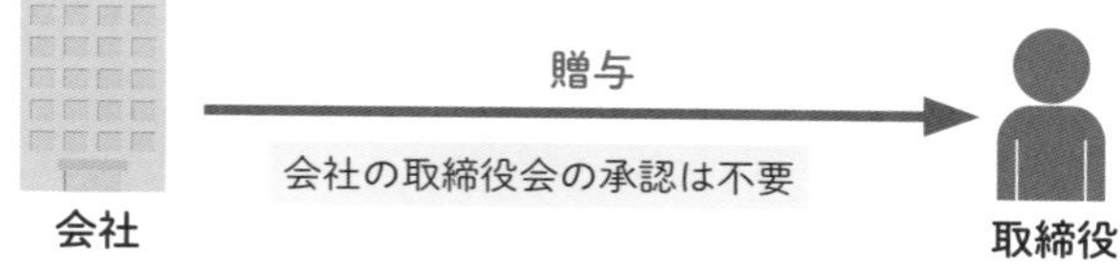

承認を得ていない場合【図表2】

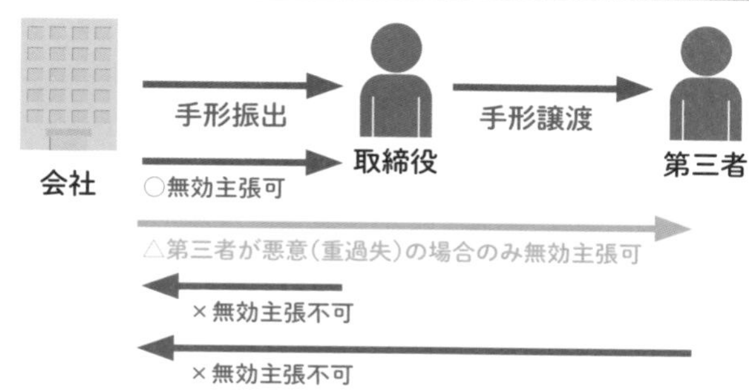

まとめ

□取締役が競業取引や利益相反取引をしようとするときは、取締役会設置会社においては取締役会（非取締役会設置会社においては株主総会）の承認を得る必要がある

取締役会①
意義と権限・招集・議事

意義と権限

取締役会は、全取締役で組織される機関であり会362Ⅰ、公開会社(P.44)、監査役会設置会社、監査等委員会設置会社および指名委員会等設置会社で設置が義務付けられます会327Ⅰ。取締役会は、業務執行の決定、取締役の職務執行の監督、代表取締役の選定・解職を行います会362Ⅱ。また、業務執行の決定のうち、重要な財産の処分・譲受等の重要な業務執行の決定は、取締役に委任できません会362Ⅳ。これが原則ですが、監査等委員会設置会社、指名委員会等設置会社においては取締役会の権限の内容が異なっており、その概要は【図表1】のとおりです。

招集・議事

取締役会は、各取締役が招集権を有しますが、定款または取締役会決議により特定の取締役を招集権者と定めることができ会366Ⅰ、多くの会社では、定款で代表取締役や社長等を招集権者として定めています。取締役会を招集するには、原則として会日の1週間前に取締役に招集通知を発送する必要がありますが会368Ⅰ、定款で短縮することができ、実務上、これを3日に短縮している会社が多いです。取締役（および監査役）は取締役会への出席義務を負い、代理出席は認められません。もっとも、コミュニケーションの双方向性・即時性が確保されていれば、電話やテレビ会議システムによる出席も認められるものと解されており、コロナ禍をきっかけに積極的に活用されています。

▶ 取締役会の権限の概要【図表1】

	原則	監査等委員会設置会社	指名委員会等設置会社
取締役会の職務	業務執行の決定 取締役の職務執行の監督 代表取締役の選定・解職 会362 II	業務執行の決定 取締役の職務執行の監督 代表取締役の選定・解職 会399-13 I	業務執行の決定 執行役等の職務執行の監督 会416 I
業務執行の決定の取締役・執行役への委任の可否	重要な財産の処分・譲受等の重要な業務執行の決定は取締役に委任不可 会362 IV	原則、重要な財産の処分・譲受等の重要な業務執行の決定は取締役に委任不可。ただし、取締役の過半数が社外取締役である場合および定款の定めがある場合は、経営の基本方針等一定の事項を除き、委任可 会399-13 II IV～VI	経営の基本方針等の一定の事項を除き、業務執行の決定を執行役に委任可 会416 II

▶ 取締役会の招集【図表2】

取締役会

会日の1週間前に通知

※定款で短縮可能

招集権者
（代表取締役等）

まとめ	□取締役会は取締役で組織される機関であり、機関設計によってその権限が異なる

取締役会②
決議・議事録

▶決議と決議等の省略

取締役会の決議は、原則として、議決に参加できる取締役の過半数が出席し（定足数）、**出席取締役の過半数の賛成により成立**します 会369Ⅰ。**決議につき特別の利害関係を有する取締役は**、決議の公正性を担保するため、**議決に参加することはできません** 会369Ⅱ。たとえば、競業取引や利益相反取引（P.60）の承認決議における当該取引を行おうとする取締役や、代表取締役の解職決議における解職対象の代表取締役は、特別の利害関係を有する者に当たると解されています。

定款で定めれば、取締役が提案した取締役会決議事項につき、取締役全員の書面または電磁的記録（電子メール等）による同意の意思表示がなされたときに決議があったものとみなす、いわゆる**書面決議が可能**です 会370。また、取締役等が取締役（および監査役）の全員に取締役会報告事項を通知したときは、当該事項の報告は省略可能です 会372Ⅰ。もっとも、代表取締役・業務執行取締役は3ヶ月に1回以上、取締役会に職務執行状況報告をすることが求められており 会363Ⅱ、これは省略できません 会372Ⅱ。

▶議事録は本店に備え置かれ、閲覧謄写請求できる

取締役会設置会社は、取締役会の議事録を作成して取締役会の日から10年間本店に備え置く必要があり、株主・債権者はこれに対して閲覧謄写請求等ができますが、債権者および監査役設置会社等の株主は、裁判所の許可が必要です 会371Ⅰ～Ⅳ。

▶ 取締役会の主な決議事項【図表1】

1	重要な財産の処分・譲受け
2	多額の借財
3	重要な使用人の選解任
4	重要な組織の設置・変更・廃止
5	社債の募集に関する重要事項
6	内部統制システムの基本方針
7	その他の重要な業務執行
8	譲渡制限株式・譲渡制限新株予約権の譲渡承認等
9	自己株式の子会社からの取得・市場取引等による取得・消却
10	株式分割・株式無償割当て
11	公開会社における募集株式・新株予約権の募集事項の決定等
12	株主総会の招集の決定
13	取締役の個人別報酬等の内容の決定方針の決定
14	代表取締役の選定
15	取締役の競業取引・利益相反取引の承認
16	補償契約・役員賠償責任保険契約の内容の決定
17	中間配当
18	会計監査人設置会社等の要件を満たす会社の剰余金の配当

▶ 取締役会議事録の記載事項 規則101ⅢⅣ【図表2】

通常の場合	開催の日時・場所（その場にいない取締役等の出席方法）、議事の経過・その結果、特別利害関係を有する取締役の氏名、出席した会計監査人・株主等の氏名・名称、議長の氏名
書面決議の場合	決議ありとみなされた事項の内容、提案取締役の氏名、決議ありとみなされた日、議事録作成取締役の氏名
書面報告の場合	報告不要とされた事項の内容、報告不要とされた日、議事録作成取締役の氏名

まとめ

- □ **取締役会決議は取締役の過半数の出席＋出席取締役の過半数の賛成で成立するが、一定の場合に書面決議も可能**

監査役（会）設置会社

監査役（会）設置会社・監査役・監査役会

株式会社は、定款で**監査役（会）**を設置することができ、これを**監査役（会）設置会社**といいます。

監査役は、**取締役の職務執行を監査し、監査報告を作成する独任制の機関**であり、そのために必要な**報告徴求権**や**調査権**を有しています会381。監査役の監査権限は、**基本的に適法性監査に限定**されるものの、定款で会計監査に限定している場合会389Ⅰを除き、**業務監査にも及び**、監査役には取締役会への出席義務もあります会383。監査役は、**株主総会決議で選任**され会329Ⅰ、当該会社・子会社の取締役・使用人、子会社の会計参与・執行役を兼任できません（**兼任制限**。会335Ⅱ）。任期は原則4年です会336Ⅰ。監査役は取締役が不正行為等をするおそれがあると認めるときは、遅滞なく**取締役（会）への報告義務**を負い会382、取締役が法令・定款違反の行為等をし、会社に著しい損害が生ずるおそれがあるときは、**取締役に対する差止請求**もできます会385Ⅰ。また、**会社・取締役間の訴えにおいて会社を代表**します会386。

監査役会は、３人以上の監査役で組織され、その半数以上が社外監査役でなければなりません会331Ⅵ。監査役会は、①監査報告の作成、②常勤の監査役の選定・解職、③監査の方針や方法等の監査役の職務の執行に関する事項の決定を行います会390。監査役会は、各監査役が招集することができ会391、原則として1週間前に招集通知を発送する必要があります会392Ⅰ。監査役会の決議は、監査役の過半数をもって行います会393Ⅰ。

監査役の意義・選解任【図表1】

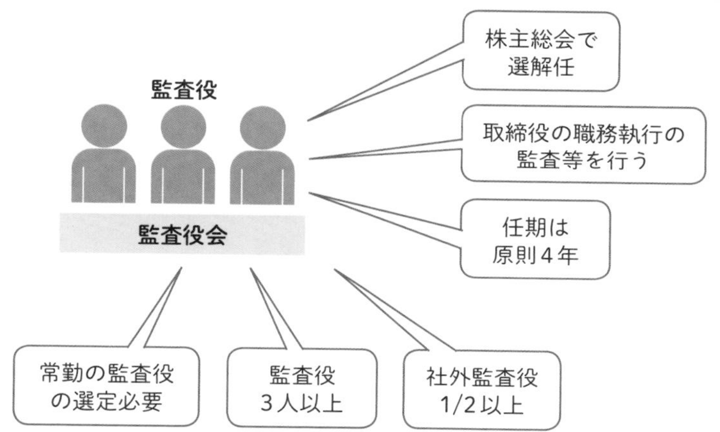

社外監査役の5つの要件【図表2】

1	過去10年間、当該株式会社・子会社の取締役・会計参与・執行役・使用人でないこと
2	過去10年間に当該株式会社・子会社の監査役であったものは、その就任前10年間、当該株式会社・子会社の取締役・会計参与・執行役・使用人でないこと
3	当該株式会社の親会社等または親会社等の取締役・会計参与・執行役・使用人でないこと
4	当該株式会社の親会社等の子会社等の業務執行取締役等でないこと
5	当該株式会社の取締役・重要な使用人または親会社等の配偶者・二親等内の親族でないこと

参考資料
日本監査役協会「監査報告のひな型」「監査役会規則（ひな型）」「監査役監査基準」「内部統制システムに係る監査の実施基準」（https://www.kansa.or.jp/support/library/tags/company_1/）

まとめ

□監査役は取締役の職務執行の監査等を行う機関であり、株主総会で選解任されるが、監査役会設置会社では常勤の監査役の選定や社外監査役の選任が必要となる

監査等委員会設置会社

監査等委員会設置会社

株式会社は、定款の定めにより**監査等委員会**を設置することができ 会326Ⅱ、これを**監査等委員会設置会社**といいます 会2⑪の2。平成14年に指名委員会等設置会社が導入されたものの、採用する会社が少数にとどまったことから、平成26年改正により、新たな組織形態として導入されました（P.14）。社外監査役を社外取締役に横滑りさせて2人以上の独立社外取締役の選任を求めるCGコード（P.80）に対応するため、多くの上場会社が監査役会設置会社から監査等委員会設置会社に移行したといわれています。監査等委員会は、**監査等委員である取締役３人以上**で組織され、その**過半数は社外取締役**であることが必要です（P.68、会331Ⅵ）。監査等委員会は、①取締役の職務執行の監査・監査報告の作成、②会計監査人の選解任議案等の決定、③取締役の人事・報酬に関する意見の決定を行います 会399-2Ⅰ～Ⅲ。監査等委員である取締役とそれ以外の取締役は株主総会で区別して選任され、任期も**監査等委員以外の取締役が１年**であるのに対し、**監査等委員である取締役は２年**とされています 会332ⅠⅢⅣ。監査等委員会設置会社の取締役会は、**取締役の過半数を社外取締役とするか定款で定めることにより、重要な業務執行の決定を取締役に委任することができる**ようになっており 会399-13ⅤⅥ、**モニタリング・モデル**（P.44）**を採用することが可能**です。監査等委員会設置会社では、法定の指名委員会・報酬委員会の設置は不要ですが、CGコードが任意の委員会の活用を推奨していることから、任意の委員会として設置する会社も増加しています。

▶ 監査役会・監査等委員会・監査委員会の比較【図表1】

	監査役会	監査等委員会	監査委員会
構成員の地位	監査役	取締役	
構成員の選任・選定機関	株主総会が選任		取締役会が選定
任期	4年	2年	1年
兼任制限	あり		
会議体の構成	3人以上で半数が社外	3人以上で過半数が社外	
常勤の構成員の選定	強制	任意	
決議要件	監査役の過半数	委員の過半数が出席し、出席委員の過半数	
権限の帰属	原則各監査役（独任制）	原則委員会	
取締役の人事・報酬に関する意見陳述権	なし	あり	なし
利益相反取引の承認権限	なし	あり	なし

参考資料
日本監査役協会「監査等委員会監査報告のひな型」「監査等委員会規則（ひな型）」「監査等委員会監査等基準」「内部統制システムに係る監査等委員会監査の実施基準」（https://www.kansa.or.jp/support/library/tags/company_3/）

まとめ

- □監査等委員会設置会社では取締役の職務執行の監査等を行う監査等委員会が設置される
- □監査等委員会設置会社では取締役会の権限を取締役に委任して取締役会は取締役の監視に専念することも可能

指名委員会等設置会社①
指名委員会等

▶指名委員会等設置会社

株式会社は、定款の定めにより、指名委員会・監査委員会・報酬委員会という3つの委員会（指名委員会等）を設置することができ、これを**指名委員会等設置会社**といいます（会2⑫）。これは、米国の上場会社の典型的な企業統治形態を参考に導入されたもので、取締役会が経営陣に重要な業務執行を委ね、経営陣の監視に専念する**モニタリング・モデル**を志向するものといわれています。もっとも、指名と報酬の権限を委員会に委ねる指名委員会等設置会社制度には経営陣の抵抗感が強く、上場会社でもあまり採用されていません。

▶指名委員会等

指名委員会は株主総会の取締役選解任議案を決定する権限を、**監査委員会**は①執行役・取締役の職務執行の監査・監査報告の作成および②会計監査人の選解任・不再任議案の決定を行う権限を、**報酬委員会**は執行役・取締役の個人別報酬を決定する権限を、それぞれ有します（会404Ⅰ～Ⅲ）。各委員会は取締役の中から取締役会決議で選定された委員3人以上で構成され、その過半数は社外取締役であることが必要です（会400ⅠⅢ）。さらに監査委員会の委員（**監査委員**）は、当該会社・子会社の執行役・業務執行取締役または子会社の会計参与・使用人を兼任できません（**兼任制限**、会400Ⅳ）。各委員会は各委員が原則として1週間前（取締役会決議で短縮可）の通知を発して招集し（会411Ⅰ）、各委員会の決議は議決に参加できる委員の過半数をもって行われます（会412Ⅰ）。

▶ 指名委員会等設置会社の組織構造【図表1】

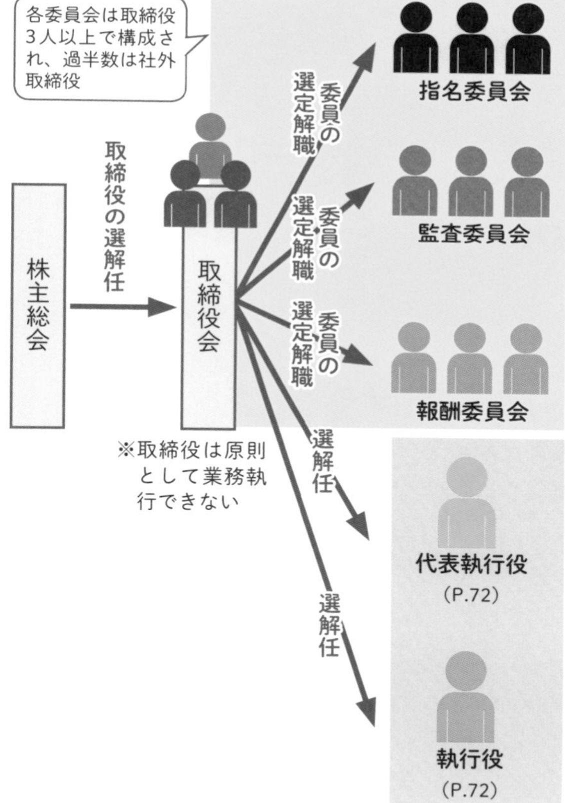

・取締役選解任議案の決定

・取締役の職務執行の監査・監査報告の作成
・会計監査人の選解任議案の決定

・執行役・取締役の個人別報酬の決定

取締役会が執行役の中から選任
・会社の業務に関する裁判上・裁判外の行為をする権限を有する

1人以上、任期1年
・業務執行の決定
・業務執行

まとめ

☐ 定款の定めにより、指名委員会・監査委員会・報酬委員会を設置する会社を指名委員会等設置会社という

☐ 指名委員会は株主総会の取締役選解任議案を決定する権限を、監査委員会は執行役・取締役の職務執行の監査等をする権限を、報酬委員会は執行役・取締役の個人別報酬を決定する権限を、それぞれ有する

指名委員会等設置会社②
執行役・取締役・取締役会

▶執行役

指名委員会等設置会社では、１人以上の**執行役**を置く必要があり、**取締役会決議により選任**されます会402ⅠⅡ。執行役は**取締役を兼任**でき、その**任期は１年**です会402ⅥⅦ。執行役は、①取締役会の委任を受けた業務執行の決定および②業務執行を行います会418。また、取締役会は執行役の中から会社を代表する**代表執行役**を選任する必要があります会420Ⅰ。

執行役も善管注意義務会402Ⅲ・民644・忠実義務会419Ⅱ・355を負い、競業規制・利益相反取引規制に服しますが会419Ⅱ・356・365Ⅱ、取締役会の構成員ではないことから、他の執行役や取締役に対する監視義務を当然には負いません。執行役が任務を怠った場合、それによって会社に生じた損害を賠償する責任を負います会423Ⅰ。

▶指名委員会等設置会社の取締役・取締役会

指名委員会等設置会社の取締役は原則として業務執行を行えません会415。また、指名委員会等設置会社の取締役会は、業務執行の決定を行う権限を有しますが、経営の基本方針等の一定の事項を除き、業務執行の決定を執行役に委任でき、取締役会が主として取締役・執行役の職務執行の監視を行う、**モニタリング・モデル**を採用することが想定されています会416。

指名委員会等設置会社の取締役会が執行役に委任できない事項【図表1】

1	経営の基本方針
2	内部統制システムに係る事項
3	執行役相互の関係に関する事項
4	執行役による取締役会の招集請求を受ける取締役
5	譲渡制限株式・新株予約権の譲渡承認等
6	市場取引等による自己株式取得に関する事項の決定
7	株主総会の招集・提出議案の決定
8	業務執行の社外取締役への委任
9	競業取引・利益相反取引の承認
10	取締役会を招集する取締役の決定
11	委員の選定・解職
12	執行役の選解任
13	会社と執行役・取締役との間の訴訟における会社の代表の決定
14	代表執行役の選定・解職
15	定款の定めによる役員等の会社に対する損害賠償責任の免除
16	補償契約・役員等賠償責任保険契約の内容の決定
17	中間配当の決定
18	事業譲渡等、組織再編に係る契約・計画の内容の決定

まとめ

☐ **指名委員会等設置会社では業務執行の決定・執行を行う執行役と会社を代表する代表執行役を取締役会で選任する必要があり、取締役会は権限を執行役に委任して取締役・執行役の監視に専念することが可能**

会計監査人

会計監査人の意義・選任・権限・義務等

会計監査人は、株式会社の**計算関係書類の適正性を監査**し、**会計監査報告を作成**する機関であり 会396Ⅰ 、大会社（P.44）と監査等委員会設置会社・指名委員会等設置会社で設置が義務付けられます 会327Ⅴ・328 。会計監査人は、会計の知識が必要なため、公認会計士か監査法人でなければならず 会337Ⅰ 、**株主総会の決議によって選任**されます 会329 。任期は1年で、その後は定時株主総会で別段の決議がなされない限り、再任されたものとみなされます 会338ⅠⅡ 。経営陣からの独立性を確保するため、**会計監査人の選解任・再任議案は**取締役（会）ではなく、**監査機関**（監査役（会）、監査等委員会または監査委員会）**が決定**することとされ 会344等 、**会計監査人の報酬等にも監査機関の同意が必要**とされます 会399 。会計監査人に欠員が生じた場合等には、監査機関は一時会計監査人を選任できます 会346Ⅳ～Ⅷ 。会計監査人は、監査のために会計帳簿等の閲覧・謄写権や取締役・使用人に対する報告徴求権を有する一方 会396ⅡⅢ 、職務遂行に際して取締役の不正行為等を発見したときは、監査機関への報告義務を負います 会397 。会計監査人も会社に対して**善管注意義務**を負い 会330 民644 、監査基準等に照らして通常実施すべき監査手続を実施せずに粉飾決算を見逃した場合等、**任務を怠ったときは**、会社に対し、これによって生じた**損害を賠償する責任**を負います 会423Ⅰ・430 。なお、粉飾決算を経営陣が主導したような場合には、会社にも過失があるので、過失相殺 民418 により賠償責任が減額されることがあります。

会計監査人と他の機関との関係【図表1】

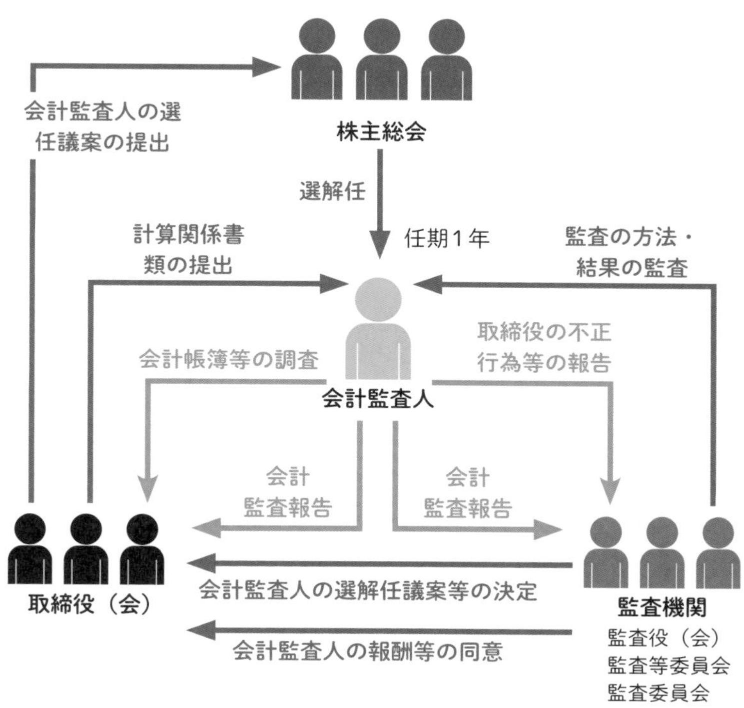

まとめ

□会計監査人は計算関係書類が適正かどうかを監査する機関であり、株主総会で選解任されるが、独立性を担保するため株主総会に提出する選解任議案等や報酬等の決定に監査機関が関与する

Column

サクセッションプランとボード3.0

◯社長・CEOの指名、取締役会の構成を議論する動き

従来の日本企業では、後継者の指名が社長の専権事項とされ、不透明な形で行われることもありましたが、社長・CEO（最高経営責任者）の指名は上場企業にとって最も重要な戦略的意思決定であることが認識されるようになり、CGコードでも取締役会はCEO等の後継者計画（サクセッションプラン）の策定・運用に主体的に関与し、監督することが求められています。CEO等のサクセッションプランは、一般に、①その企業の経営理念や経営戦略を踏まえた「あるべきCEO像」の議論・客観的な評価基準の策定、②当該基準に照らしたCEO候補者の選抜、③CEO候補者の育成・最終候補者の絞込み、④CEO指名と新CEOへの移行といったプロセスからなります。

CEO等のサクセッションに加えて、最近議論されているのは、ボード（取締役会）のサクセッションです。

取締役会がその役割等を実効的に果たすためには、取締役会全体としてスキル等のバランスが取れ、ジェンダー等の多様性（ダイバーシティ）を確保する必要があり、これらを中長期的に確保するためには、社外取締役を含めたボード全体のサクセッションプランも重要となります。かかる取締役会の構成については、最近、モニタリング・ボード（ボード2.0。アドバイザリー・ボードがボード1.0）では独立社外取締役の情報・リソース・意欲の不足により経営陣の戦略等に対する取締役会の監督機能に限界があることから、現在のコンプライアンスに主眼を置く独立社外取締役と、経営陣の戦略等を専門的に監督するエンパワード取締役を混在させるボード3.0というモデルが提唱されています。

Companies Act

Part 4

コーポレートガバナンス

会社経営を規律する仕組み

株式会社における企業統治

コーポレートガバナンスとは

コーポレートガバナンスは、株式会社における**企業統治**のことで、会社経営を規律するための仕組みのことです。コーポレートガバナンスのあり方が企業の競争力やパフォーマンスに影響を与えることから、各国、企業ごとにさまざまに工夫がされていますが、一般的には**公正さ**と**透明性**が不可欠なものと認識されています。アメリカでは**モニタリング（監視）**、ヨーロッパでは**アカウンタビリティ（説明責任）**が重視されています。東京証券取引所が公表している「**コーポレートガバナンス・コード**（CGコード）」は2015年に策定され、2021年に改訂されましたが、そこでは「会社が、株主をはじめ顧客・従業員・地域社会等の立場を踏まえた上で、透明・公正かつ迅速・果断な意思決定を行うための仕組みを意味する。」と定義されており、「**迅速・果断**」な意思決定（「**攻めのガバナンス**」）も重視されています。

CGコードでは、その定める原則について、「**Comply or Explain**」（原則を実施するか、実施しない場合にはその理由を説明するか）が求められており、上場会社は、東京証券取引所に提出する「**コーポレート・ガバナンスに関する報告書**」において、その実施状況等を開示しています。CGコードの定める5つの基本原則には、「1. 株主の権利・平等性の確保」、「2. 株主以外のステークホルダーとの適切な協働」、「3. 適切な情報開示と透明性の確保」、「4. 取締役会等の責務」、「5. 株主との対話」があり、**中長期的な企業価値向上**のための具体的な施策が定められています。

▶コーポレートガバナンス体制の参考例（監査役会設置会社）【図表1】

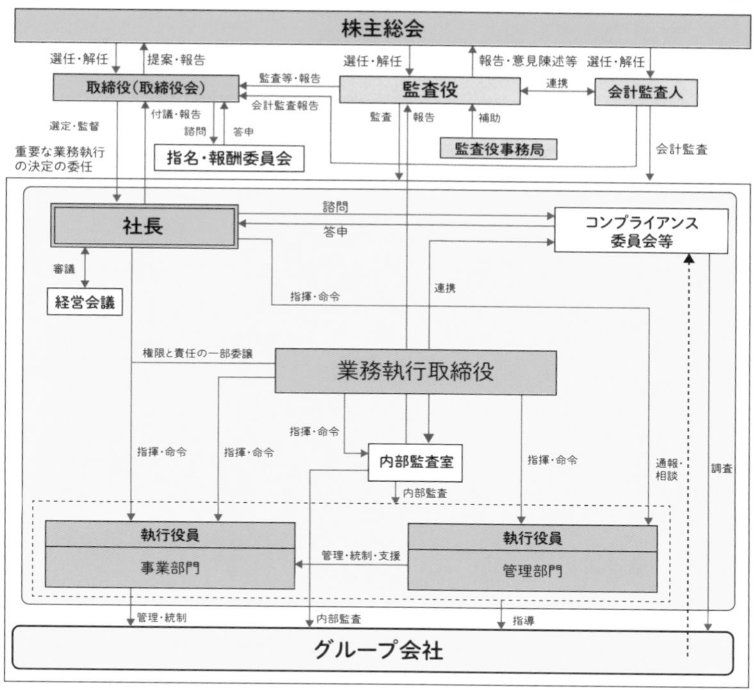

参考文献：東京証券取引所「コーポレートガバナンス・コード～会社の持続的な成長と長期的な企業価値の向上のために（改訂案）」2021年6月

まとめ	☐コーポレートガバナンスは会社経営を規律するための仕組み。そのあり方が企業の競争力やパフォーマンスに影響を与える ☐公正さと透明性が不可欠

CSR･ESG･SDGs①
意義

コーポレートガバナンスとCSR･ESG･SDGs

上場会社では、**サステナビリティ（中長期的な持続可能性）**による**中長期的な企業価値向上**のために、株主、従業員、顧客、取引事業者、地域社会を含めたすべての**ステークホルダー（利害関係者）**との適切な協働が求められています。そのため、上場会社では、**CSR**、**ESG**及び**SDGs**を重要な経営課題であるとする意識が高まっています。

CSRは、Corporate Social Responsibilityの略称で、**企業の社会的責任**のことです。企業活動において、社会的公正や環境への配慮を含め、従業員、投資家、地域社会などの利害関係者に対して責任ある行動をとるとともに、説明責任を果たしていくことを求める考え方です。

ESGは、Environment（環境）、Social（社会）、Governance（ガバナンス（企業統治））の略称で、**環境、社会、企業統治を考慮した投資活動や経営・事業活動**のことです。

SDGsは、Sustainable Development Goalsの略称で、**持続可能な開発目標**のことです。2015年9月の国連サミットで採択された「持続可能な開発のための2030アジェンダ」に記載された2030年までに持続可能でよりよい世界を目指す国際目標で、17のゴールと169のターゲットから構成されています。

▶ SDGsの17のゴール【図表1】

①貧困をなくそう

②飢餓をゼロに

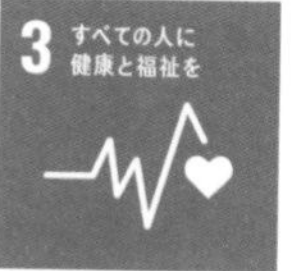

③すべての人に
健康と福祉を

④質の高い教育を
みんなに

⑤ジェンダー平等を
実現しよう

⑥安全な水とトイレを
世界中に

⑦エネルギーをみんなに
そしてクリーンに

⑧働きがいも
経済成長も

⑨産業と技術革新の
基盤をつくろう

⑩人や国の不平等を
なくそう

⑪住み続けられる
まちづくりを

⑫つくる責任
つかう責任

⑬気候変動に
具体的な対策を

⑭海の豊かさ
を守ろう

⑮陸の豊かさも
守ろう

⑯平和と公正を
すべの人に

⑰パートナーシップで
目標を達成しよう

SUSTAINABLE DEVELOPMENT GOALS

出所：国連広報センター

まとめ

- □ **CSRは企業の社会的責任、ESGは環境、社会、企業統治を考慮した投資活動や経営・事業活動、SDGsは持続可能な開発目標のこと**
- □ **ステークホルダーとの適切な協働が求められている**

CSR・ESG・SDGs②
非財務情報・ビジネスと人権

▶ 非財務情報の重要性の高まり

上場会社では、これまで**財務情報**（貸借対照表及び損益計算書等の情報）が重視されていましたが、最近は、CSR、ESG及びSDGsに関する**非財務情報**が重視されてきています。この非財務情報は、一部の上場会社では、任意に作成する**統合報告書**により投資家向けに提供されていましたが、すべての上場会社が提出を義務づけられている**コーポレート・ガバナンスに関する報告書**（P.78）や**有価証券報告書**により開示が義務づけられるようになり、サステナビリティへの取組み、**人的資本**や知的財産への投資、**気候変動**に関する開示（**TCFD**（気候関連財務情報開示タスクフォース）又は同等の枠組みに基づく開示）等の**サステナビリティ情報**が開示されるようになりました。

▶ 人権を尊重する経営の世界的な広がり

企業のグローバル化により、企業活動が**児童労働**や**強制労働**、**紛争鉱物**の調達等、**人権**に及ぼす負の影響が拡大し、人権侵害に対する企業の責任の意識が高まっています。そのため、人権侵害による**レピュテーションリスク**（不買運動、投資先評価の降格、投資候補先からの除外・投資引き揚げ、取引停止等）が重大な経営リスクとなることが意識されてきています。「**サプライチェーン等における人権尊重のためのガイドライン**」では、企業は、人権尊重の取組みとして、**人権方針**の策定、**人権デュー・ディリジェンス**（**人権DD**）の実施、自社が人権への**負の影響**を引き起こし又は助長している場合における**救済**が求められています。

企業による人権尊重の取組みの全体像【図表1】

人権方針	人権尊重責任に関するコミットメント（約束）の表明
人権DD	負の影響の特定・評価
	負の影響の防止・軽減
	取組みの実効性の評価
	説明・情報開示
救済	負の影響への対応

人権デュー・ディリジェンス（人権DD）

企業が、自社・グループ会社及びサプライヤー等における人権への負の影響を特定し、防止・軽減し、取組の実効性を評価し、どのように対処したかについて説明・情報開示していくために実施する一連の行為を指す。ステークホルダーとの対話を重ねながら、人権への負の影響を防止・軽減するための継続的なプロセスであるとされている。

ビジネスと人権の経緯【図表2】

1948年	世界人権宣言
1966年	国際人権規約
1998年	労働における基本的原則及び権利に関するILO宣言
2011年	国連「ビジネスと人権に関する指導原則」
2015年	国連「SDGs」
2020年	日本「『ビジネスと人権』に関する行動計画（2020-2025）」
2021年	法務省「今企業に求められる『ビジネスと人権』への対応『ビジネスと人権に関する調査研究』報告書」
2021年	経団連「企業行動憲章実行の手引き『第4章人権の尊重』の改訂及び『人権を尊重する経営のためのハンドブック』」
2022年	日本「責任あるサプライチェーン等における人権尊重のためのガイドライン」

まとめ

- □財務情報ではない非財務情報の重要性が高まる
- □有価証券報告書等におけるサステナビリティに関する非財務情報の開示が上場会社に義務づけられた
- □人権侵害に対する企業の責任の意識が高まっている
- □レピュテーションリスクが重大な経営リスクとなる

執行役員制度

▶会社が任意に設置する機関

執行役員は、**業務執行の権限**を有する者の役職のことです。たとえば、代表取締役社長執行役員、取締役執行役員、執行役員などの呼称があります。取締役と兼務することもありますが、取締役や監査役といった会社法上の機関（P.44）ではなく、会社が任意に設置する機関です。また、指名委員会等設置会社（P.70）には、「執行役」（P.72）という機関がありますが、それとも異なります。

株式会社と執行役員の関係は、委任又は雇用で、執行役員は、一般に**重要な使用人**に当たります。**委任型**では、取締役のように会社に対して善管注意義務を負いますが（P.94）、労働基準法や就業規則は適用されません。他方、**雇用型**では、労働基準法や就業規則が適用されますが、会社に対して善管注意義務を負いません。

▶取締役会とは別に業務執行の権限を有する

上場会社の取締役会には、**モニタリング・モデル**（P.44）の考え方が推進されています。このモデルは、取締役会では、経営理念、経営戦略及び事業計画等によって、**経営方針**を示し、経営陣に業務執行を委ね、その業務執行の結果を**評価**することで、経営陣に対する**監督**を行うというものです。取締役会が業務執行の結果を適切に評価するためには、取締役会には**独立性**及び**客観性**が求められ、業務執行と距離を置くことが必要になりますので、上場会社では、取締役とは別に、業務執行の権限を有する執行役員制度を導入することが一般的になってきています。

▶ 執行役員の委任型と雇用型の比較【図表1】

	委任型	雇用型
契約	委任 民643	雇用 民623
地位	重要な使用人 会362Ⅳ③	
任期	契約条件次第	
担当業務	取締役会又は代表取締役による決定に従う	
会社に対する責任	善管注意義務 民644	職務専念義務
就業時間	契約条件次第	
報酬	契約条件次第	
社内規則	執行役員規程	執行役員規程 就業規則
退任後の地位	終了	従業員
解任・解雇	自由 民651Ⅰ。但し、正当な理由がない場合には任期満了までの報酬請求できる 民651Ⅱ	制限あり

まとめ

- □執行役員は業務執行の権限を有する者の役職のこと
- □上場会社の取締役会ではモニタリング・モデルが推進されている
- □取締役会には独立性及び客観性が求められる

任意の委員会

任意の委員会とコーポレートガバナンス

任意の委員会とは、経営陣幹部の**指名**（候補者の選定や育成）や取締役の**報酬**について検討させるため、**取締役会の諮問機関**として設置される**指名委員会**や**報酬委員会**、**指名報酬委員会**等の委員会です。株式会社には、指名委員会等設置会社（P.70）があり、そこでは、監査委員会のほかに、指名委員会及び報酬委員会（P.70）が置かれており、この指名委員会等設置会社に類似する仕組みです。

上場会社では、経営陣幹部の指名や取締役の報酬は、最終的に取締役会で決定されますが、たとえば、CEO（最高経営責任者）の選解任・育成等について、**客観性・適時性・透明性**ある手続により、十分な時間と資源をかけて資質を備えたCEOが選任されていることが要請されています 投資家と企業の対話ガイドライン3-2 。また、経営陣の報酬制度を、持続的な成長と中長期的な企業価値の向上に向けた健全なインセンティブとして機能するよう設計し、適切に具体的な報酬額を決定するための**客観性・透明性**ある手続が確立されていることが要請されています 同3-5 。そして、これらの要請に応えるためには、取締役会が**独立性・客観性**を備えていなければなりません。そこで、経営陣から独立したメンバーを構成員とする任意の委員会による答申や助言を踏まえ、株主や投資家に対して**説明責任**を果たすようになっています（ CGコード原則4-10・補充原則4-10① ）。

▶任意の委員会の位置付けの参考例（監査役会設置会社）【図表1】

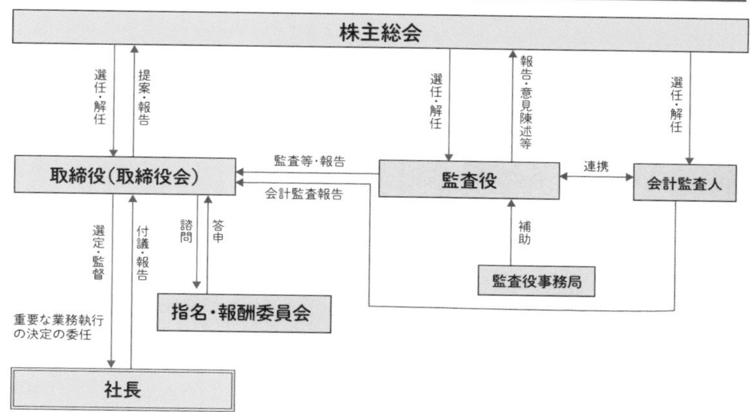

▶任意の委員会における社長・CEOに関する諮問事項【図表2】

指名委員会	報酬委員会
指名方針の策定 候補者の指名 業績評価 後継者計画	報酬方針・報酬制度の策定 報酬額の決定 業績評価

まとめ

- □任意の委員会は経営陣幹部の指名や取締役の報酬について検討させるための取締役会の諮問機関
- □経営陣から独立したメンバーを構成員とする任意の委員会による答申や助言を踏まえ、株主や投資家に対して説明責任を果たす

役員報酬 基本報酬・業績連動報酬・株式報酬

役員報酬の考え方と種類

役員報酬は、会社の**コスト**として認識され、**お手盛り防止**（取締役会が個々の取締役の報酬を高額にするおそれ）の観点から規律されてきましたが、**中長期的な企業価値向上**のための優秀な人材の確保や役員の適切なインセンティブの創出といった会社による**将来への投資**でもあるという考え方が一般的になってきています。上場会社では、中長期的な業績との連動性を確保したり、株式報酬や新株予約権（ストックオプション）を導入したりするなど報酬設計が工夫されています。

役員報酬は、固定報酬、短期インセンティブ報酬及び中長期インセンティブ報酬に分類できます。

まず、**固定報酬**として、毎月、所定の額が支払われる**基本報酬**があります。給与に相当します。

次に、**短期インセンティブ報酬**として、事業年度ごとの業績に応じて額が決定される**業績連動報酬**があります。賞与に相当します。

そして、**中長期インセンティブ報酬**として、中期経営計画の業績に応じて額が決定される業績連動報酬があります。また、これら金銭報酬以外に**株式報酬**があります。たとえば、譲渡制限株式が割り当てられるリストリクテッド・ストック（P.93）やパフォーマンス・シェア（P.93）があります。また、新株予約権（通常型、株式報酬型、有償ストックオプション、P.90）、役員持株会のための株式取得目的報酬、株式交付信託（P.92）等があります。

役員報酬の決定手続き【図表1】

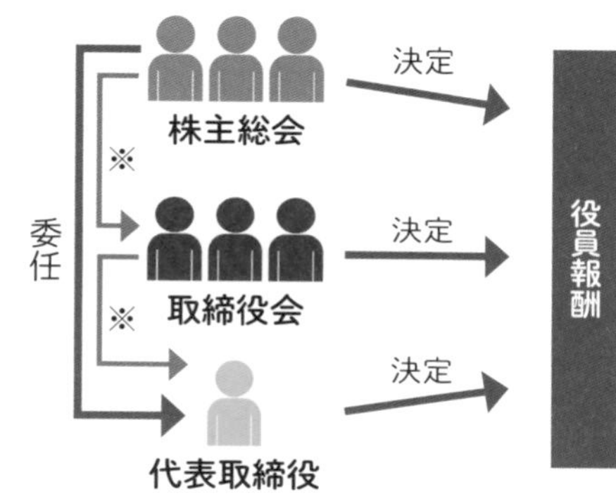

※株主総会が代表取締役に委任する方法、株主総会が取締役会に委任する方法、取締役会が代表取締役に委任する方法があります。

役員報酬一覧【図表2】

インセンティブ	金銭/株式	種類
固定	金銭	基本報酬
短期インセンティブ	金銭	業績連動報酬
中長期インセンティブ	金銭	業績連動報酬
	株式	リストリクテッド・ストック パフォーマンス・シェア ストックオプション（通常型、株式報酬型、有償ストックオプション） 役員持株会のための株式取得目的報酬 株式交付信託

まとめ

- □役員報酬は会社のコストとの考え方から中長期的な企業価値向上のための将来への投資との考え方に変化
- □適切なインセンティブとなる報酬設計が工夫されている

株式報酬①
ストックオプション（新株予約権）

通常型・株式報酬型・有償ストックオプションがある

ストックオプション（Stock Option）とは、役員報酬として支給される**新株予約権**のことで、SOと表記されることもあります。これは、所定の期間内に、所定の金銭等を出資することで、会社から所定数の株式の交付を受けられる権利です。SOでは、新株予約権の**付与時と行使時の払込金額**（役員が会社に支払う金額）が調整されます。もっとも、最近では、株式報酬制度として採用する上場会社は減少しています。

通常型では、付与時の払込金額はなし、行使時の払込金額は付与時の時価以上に設定されます。付与時の払込金額をなしとすることについては、有利発行又は役員の労務提供の対価との相殺と整理されます。付与時から行使時までの間に株価が上昇すれば役員にはメリットがあります。

株式報酬型では、付与時の払込金額はなし、行使時の払込金額（行使価額）は1円に設定されます。**1円ストックオプション**とも言われます。付与時の払込金額をなしとすることについては、通常型と同様です。行使条件を退任後に設定することで、退任時に株式現物を支給するのと類似したものとなります。

有償ストックオプションでは、付与時の払込金額は「公正価額」（しばしば業績達成条件等を付けて安く設定されます）、行使価額は付与時の時価以上に設定されます。付与時から行使時までの間に株価が上昇すれば役員にはメリットがあります。

ストックオプション（新株予約権）の比較【図表1】

	通常型	株式報酬型	有償ストックオプション
概要	あらかじめ定められた権利行使価格（行使時払込価額）で自社株取得の権利の付与	あらかじめ1円等の極めて低廉な価格に定められた権利行使価格（行使時払込価額）で自社株取得の権利の付与	あらかじめ定められた権利行使価格（行使時払込価額）で自社株取得の権利を有償で取得する権利の付与
付与	新株予約権 会2㉑・236 I		
付与時払込	なし		あり（公正価額）
行使時払込（行使価額）	付与時の時価以上の額	1円等の極めて低廉な額	付与時の時価以上の額
業績連動	業績上昇	業績上昇と下落	業績上昇
付与された取締役の行動	行使時の時価が行使価額よりも高い場合に権利行使	行使時の時価にかかわらず権利行使	行使時の時価が行使価額よりも高い場合に権利行使

まとめ

- □ストックオプションは役員報酬として支給される新株予約権
- □近時は株式報酬制度として採用する上場会社は減少傾向

株式報酬②
役員持株会・株式交付信託

役員持株会・株式交付信託を活用した株式報酬

役員持株会とは、役員に自社株の取得の機会を付与し、役員の財産形成に寄与することを目的とするものです。役員持株会を活用した株式報酬は、その仕組みを転用したものです。会社が基本報酬に上乗せして**株式取得目的報酬**を支給し、その報酬相当額を会社が役員持株会に自社株の購入資金として拠出して、役員持株会が市場から一定の計画にしたがって自社株を買い入れることで役員に自社株を付与するものです。

株式交付信託を活用した株式報酬は、会社が自社株の購入資金を拠出して信託を設定し、信託が信託管理人の指図のもと、会社や市場から随時自社株を買い入れ、あらかじめ定められた業績と連動した付与条件にしたがって、信託から役員に自社株を付与するものです。

逆インセンティブとその回避

株式報酬は、役員の**株価上昇のインセンティブ**により、**中長期的な企業価値向上**のためのインセンティブとなるメリットがあります。もっとも、一定の予算額の枠内で株式を付与する場合には、株価上昇により株式の付与数が減少することになるため、**逆のインセンティブ**となるデメリットもあります。株式交付信託を活用した株式報酬では、業績と連動した付与条件を組み込むことで、この逆のインセンティブを回避する工夫がされています。

リストリクテッド・ストックとパフォーマンスシェア【図表1】

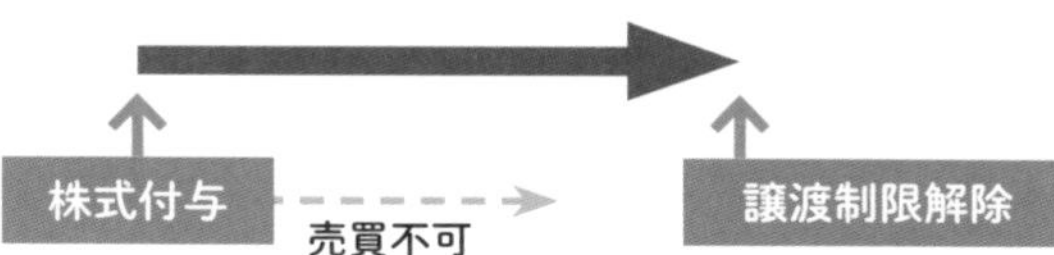

✓時期基準＝リストリクテッド・ストック
✓業績基準＝パフォーマンス・シェア

※リストリクテッド・ストック、パフォーマンスシェアとは
譲渡制限の付いた株式を報酬として付与するもので、一定の条件により譲渡制限が解除されて売買ができるようになる仕組みの報酬

ストックオプション以外の株式報酬の比較【図表2】

	役員持株会	株式交付信託	リストリクテッド・ストック	パフォーマンス・シェア
会社負担	金銭（株式取得目的報酬）	金銭（信託の設定）	株式（譲渡制限付き）	
付与	株式			
業績連動	業績上昇と下落			
付与された取締役の行動	株価上昇に向けて努力する。但し、逆のインセンティブの問題もある		株価上昇に向けて努力する	業績目標の達成（条件成就）に向けて努力する

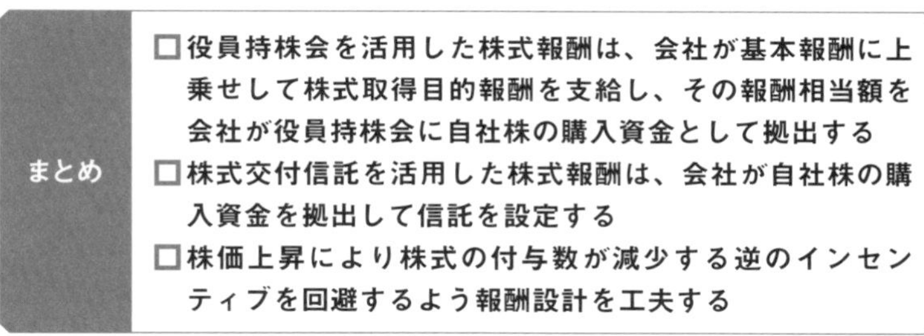
まとめ

☐役員持株会を活用した株式報酬は、会社が基本報酬に上乗せして株式取得目的報酬を支給し、その報酬相当額を会社が役員持株会に自社株の購入資金として拠出する
☐株式交付信託を活用した株式報酬は、会社が自社株の購入資金を拠出して信託を設定する
☐株価上昇により株式の付与数が減少する逆のインセンティブを回避するよう報酬設計を工夫する

役員の責任
株主代表訴訟・経営判断の原則

▶役員の責任追及のための株主代表訴訟と責任の基準

役員は、会社、取引先などの第三者に法的責任を負っています。役員は、会社と**委任**の関係にありますので会330、会社に**善管注意義務**民644や**忠実義務**会355を負っていますが、それらの義務に違反すれば役員としての**任務懈怠責任**があります。会社に損害を与えれば会社に対して損害賠償責任を負い会423、悪意又は重過失により第三者（会社以外の者）に損害を与えればその者に対して損害賠償責任を負います会429。

その役員の責任追及の方法として、**株主代表訴訟**があります。株主代表訴訟は、会社が役員に損害賠償請求をしない場合に、株主が会社に代わって役員に損害賠償請求するものです会847。**役員間の慣れ合い**により、会社が役員に損害賠償請求することが期待できないこともありますので、株主にその権限を与え、役員の任務懈怠を抑止し、会社の損害を回復できるようにしています。

経営判断の原則といって、事業経営上の判断に関する取締役の善管注意義務違反（任務懈怠責任）の有無を判断する基準があります。取締役にすべての結果責任を負わせることは酷ですし、過度に保守的な経営がなされ、会社も事業機会を失います。そのため、取締役には**広い裁量**が認められており、法令や定款、社内規則に違反する場合、意思決定の前提事実に著しい誤りがある場合、意思決定の内容が著しく不合理な場合等を除き、取締役の善管注意義務違反は否定されます。

▶ 役員の責任の要件【図表1】

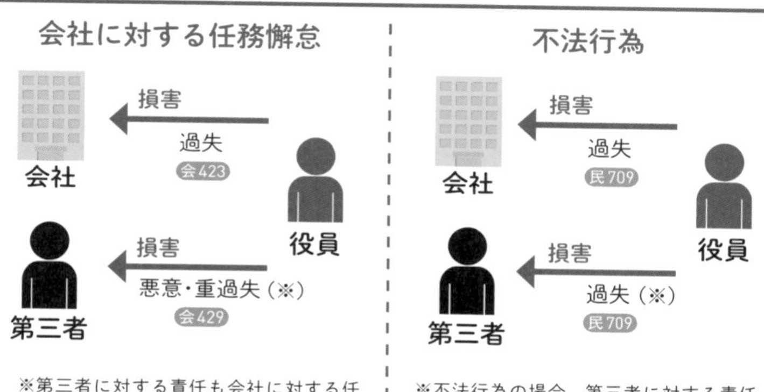

▶ 株主代表訴訟（役員の責任追及）の手続（公開会社）【図表2】

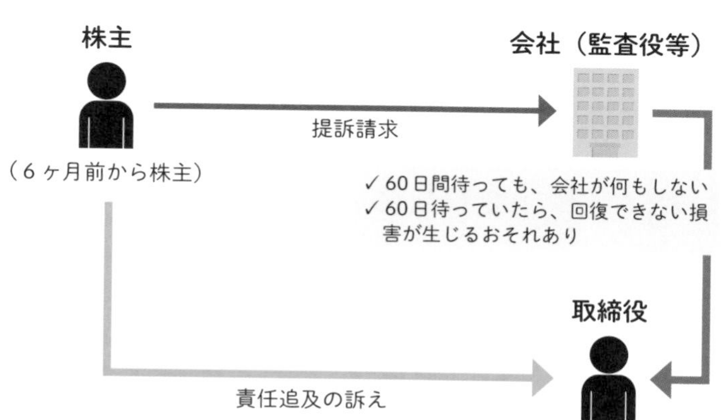

まとめ

- □役員の責任追及の方法として、株主代表訴訟がある
- □役員の責任の判断基準が経営判断の原則である
- □経営判断の原則では、取締役の広い裁量が認められている

責任限定契約

責任限定契約とは

損害賠償責任が役員にある場合でも、その損害賠償の限度額をあらかじめ定めることができます。これを**責任限定契約**といい、会社と役員等の間で締結される役員等の任務懈怠責任を一定額に限定します会427。この責任限定契約は、①対象者を**非業務執行取締役等**(たとえば、業務を執行しない取締役や監査役)、②対象業務を役員等の**善意かつ無重過失**の職務、③**最低責任限度額**を報酬の**2年分**(報酬が0の場合最低責任限度額も0となります)に限定されています。

責任限定契約は、役員等がその職務上役員等個人として負う責任のリスクを緩和させ、**優秀な人材の確保**につながります。また、業務執行取締役等が任務懈怠により会社に損害賠償責任を負う場合で、非業務執行取締役等も任務懈怠責任により会社に損害賠償責任を負うときには、非業務執行取締役等も**連帯債務**(不真正連帯債務)を負うことになりますので会430、責任限定契約を締結していなければ、業務執行取締役等が負う損害賠償責任による債務の全額を賠償しなければならなくなります。しかし、非業務執行取締役等は、自ら業務執行を行うことはなく、専ら業務執行の監督や監査を行うことが期待されており、業務執行の失敗等により会社が損害を被ることになるリスクを十分にコントロールすることができる立場にはありませんので、業務執行取締役等と同程度の責任を負わせることは酷であると評価し得るというのが責任限定契約を認める理由です。

▶ 責任限定契約の要件【図表1】

定款	責任限定契約を締結できることが定款で定められている必要ある 会427Ⅰ
契約	対象者との間で予め責任限定契約を締結しておく必要ある 会427Ⅰ
対象者	業務執行に関わる取締役以外の取締役、監査役、会計監査人等との間で責任限定契約を締結できる 会427Ⅰ
対象責任	会423Ⅰ の責任（任務懈怠責任）で、不法行為責任は対象外である 会427Ⅰ
過失の程度	職務を行うについて善意かつ無重過失（故意や故意に近いような場合には責任限定契約を締結していてもすべての責任を負う）
限定される責任の範囲	定款で定めた額の範囲内で予め会社が定めた額と最低責任限度額とのいずれか高い額
最低責任限度額	次の①と②の合計額 会425Ⅰ ①対象者がその在職中に会社から職務執行の対価として受け、又は受けるべき財産上の利益の1年間当たりの額に相当する額に、2を乗じて得た額 ②対象者が会社の新株予約権を引き受けた場合におけるその新株予約権に関する財産上の利益に相当する額

まとめ

- □責任限定契約は会社と役員等の間で締結される役員等の任務懈怠責任を一定額に限定する契約のこと
- □非業務執行取締役等は業務執行の失敗等により会社が損害を被ることになるリスクを十分にコントロールすることができる立場にはないから、業務執行取締役等と同程度の責任を負わせないことにも合理性がある

D&O保険

D&O保険のメリット・デメリット

Ｄ＆Ｏ保険は、**会社役員賠償責任保険**のことで、被保険者である役員の行為に起因して、保険期間中に役員に対して損害賠償請求がなされたことにより被保険者が被る損害を補填するものです。Ｄ＆Ｏは、Directors and Officersの略称で、会社は役員がその職務の執行に関して責任を負うこと又はその責任の追及に関する請求を受けることによって生じることのある損害を保険会社が補填することを約する内容の会社役員賠償責任保険契約を保険者である保険会社との間で締結することができます会430の3。

Ｄ＆Ｏ保険は、役員がその職務上役員個人として負う責任追及のリスクを緩和させることができます。その結果、**役員による過度に保守的な経営の防止、優秀な人材の確保、役員の適切な防御活動による企業のレピュテーション（評判）低下の防止**等のメリットが会社にはあります。

他方で、会社と役員の間の**利益相反**や役員の**職務の執行の適正性に悪い影響**を及ぼすなどのデメリットも会社にはあります。それらに対処するため、Ｄ＆Ｏ保険の内容を決定するには株主総会の決議又は取締役会の決議が必要とされています。また、D&O保険の契約を締結した公開会社は事業報告での開示が義務付けられています。

D&O保険の仕組み【図表1】

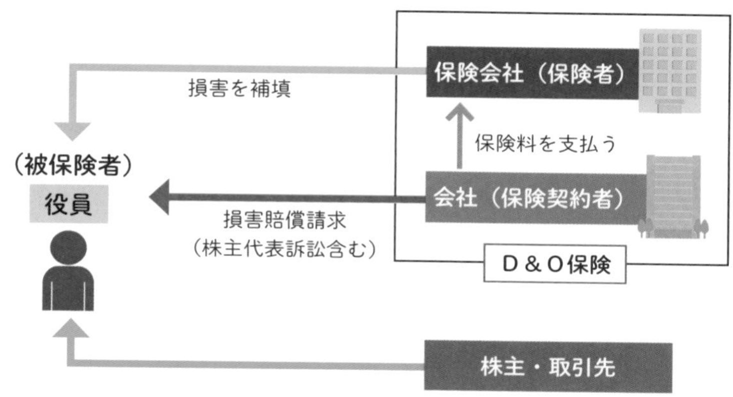

D&O保険の補償範囲【図表2】

保険契約者	会社
補償額	保険期間中の保険金総支払限度額の範囲内
補償事由	役員としての職務の執行に起因する損害賠償請求
補償対象	争訟費用（法律相談、訴訟代理人の弁護士費用等） 法律上の損害賠償金（罰金・課徴金は含まず）
保険金不払事由（行為）	私的な利益又は便宜の供与を違法に得たことに起因、犯罪行為に起因、法令（善管注意義務違反・忠実義務違反を含む）違反の認識ある行為に起因、報酬等が違法に支払われたことに起因等

まとめ

- □ D&O保険は被保険者を役員とする会社と保険会社の間の契約
- □ 役員がその職務上個人として負う責任追及のリスクを緩和させる

補償契約

補償契約のメリット・デメリット

補償契約とは、会社と役員の間の**会社補償**に関する契約のことです会430の2。この会社補償では、役員が株主代表訴訟などによってその職務の執行に関して責任追及された場合に、その**防御費用**（民事事件、刑事事件、行政事件の対応のための弁護士費用等）や**第三者に対する賠償金**を会社が役員に補償します。

会社補償は、役員がその職務上役員個人として負う責任追及のリスクを緩和させることができます。その結果、前述のD&O保険同様のメリットが会社にあります（P.98）。一方で、D&O保険とは違い、**保険金の支払限度額の超過や解約により補償が受けられないといったリスクがない**といったメリットが役員にもあります。

他方で、前述のD&O保険同様のデメリットも会社にはあります（P.98）。それらに対処するため、補償契約の内容を決定するには株主総会の決議又は取締役会の決議が必要とされ、実際に補償した場合には取締役会に報告することとされています。また、会社補償の範囲は、①職務の執行関係、②防衛費用については通常要する額まで、③第三者に対する損害賠償責任を悪意又は重大な過失がない場合に限定されています。さらに、補償契約を締結している公開会社は、事業報告での開示が義務付けられています。

▶ 補償契約の仕組み【図表1】

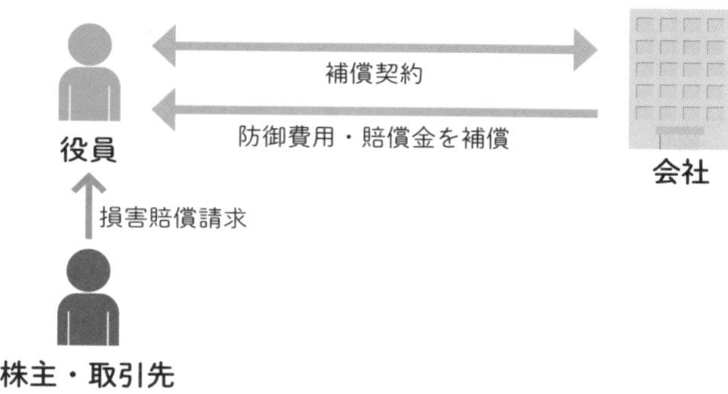

▶ 補償契約の補償範囲【図表2】

補償契約者	会社
補償額	上限額なし
補償事由	役員としての職務の執行に関する損失
補償対象	防御費用（弁護士費用等） 善意無重過失による第三者に対する法律上の賠償金（会社への賠償金、罰金、課徴金は含まず）
補償対象外	防御費用のうち通常要する費用の額を超える部分 任務懈怠責任 会423・429 による会社・第三者に対する損害賠償相当額（第三者については悪意重過失）

まとめ

- ☐ 補償契約は会社と役員の間の会社補償に関する契約
- ☐ 役員がその職務上個人として負う責任追及のリスクを緩和させる
- ☐ D&O保険のように保険金の支払限度額の超過や解約により補償が受けられないといったリスクが役員にはない

内部統制システム

内部統制システムとその整備及び運用に関する取締役の責任

内部統制システムは、経営戦略や事業目的等を組織として機能させて達成していくための仕組みです。会社の運営には、業務の適正を確保するためのリスク管理体制や法令遵守体制が必要で、①ルールの制定、②ルールの教育、③業務過程の記録、④業務過程の事後的なチェック、⑤ルール違反に対する処罰の体制を整備しなくてはなりません。これは、会社の事業規模、内容、特性等に応じて異なります。

上場会社では、取締役会で**内部統制システムの基本方針**を決定し会362Ⅴ、取締役は、その基本方針を踏まえて、それぞれ担当する部門で具体的な体制を整備します。

不正行為が発生した場合の取締役の責任については、**日本システム技術事件最高裁判決**により、具体的な判断基準が示され、①通常想定される不正行為を防止し得る程度の管理体制を整えていたか、②不正行為の発生を予見すべきであった特別な事情があったか、という2段階で判断されます。この2段階の判断では、まず①については、不正行為が発生した当時の水準が考慮されます。少なくとも**同業他社の水準**程度は備え、**定期的に見直し**をしていく必要があります。次に②については、過去にその会社で同種の不正行為が発生していたなど不正行為の発生した会社の個別の事情が考慮されます。過去に**同種の不正行為**が発生している場合には、その発生原因を特定し、**再発防止策**を講じておくことが必須ということになります。

▶内部統制システムの基本方針(監査役会設置会社)【図表1】

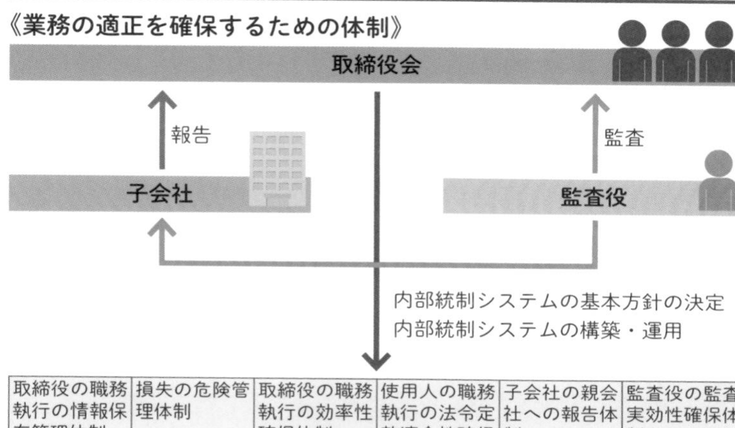

取締役の職務執行の情報保存管理体制	損失の危険管理体制	取締役の職務執行の効率性確保体制	使用人の職務執行の法令定款適合性確保体制	子会社の親会社への報告体制	監査役の監査実効性確保体制

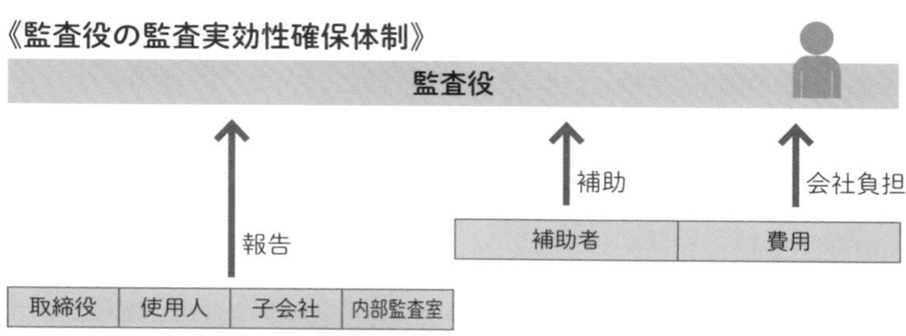

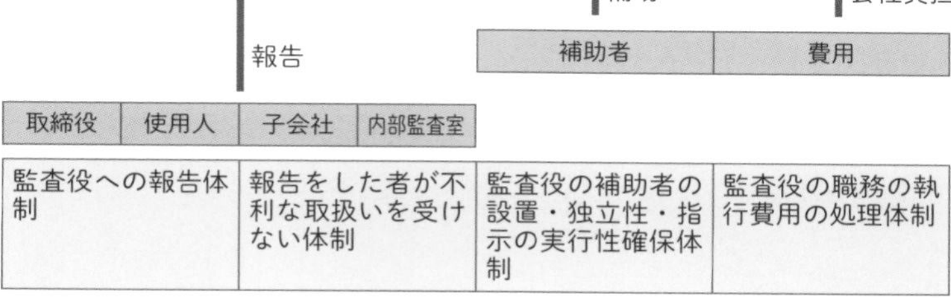

監査役への報告体制	報告をした者が不利な取扱いを受けない体制	監査役の補助者の設置・独立性・指示の実行性確保体制	監査役の職務の執行費用の処理体制

まとめ

- □内部統制システムは経営戦略や事業目的等を組織として機能させて達成していくための仕組み
- □取締役の責任は、①通常想定される不正行為を防止し得る程度の管理体制を整えていたか、②不正行為の発生を予見すべきであった特別な事情があったかの2段階で判断される

子会社管理

子会社管理責任と義務

上場会社では、その会社と子会社からなる企業集団による**グループ経営**が主流になっています。従来は、親会社とその子会社は異なる法人であり、会社法上、親会社役員には、子会社役員に対する指揮命令権はありませんので、親会社役員に**子会社管理責任**はないと考えられていました。また、会社法上、大会社（P.44）である親会社は、グループ全体の内部統制システム（P.102）を決定する義務はありますが、子会社の内部統制システムを決定する義務はなく、子会社監督義務に関する明文規定もありません。しかし、裁判例には、親会社役員が子会社について十分な調査をせず、不正な取引の是正を求めなかったことにつき親会社役員の責任を認めたものもあり、最近では、親会社役員の子会社管理責任の有無については見解が分かれています。

上場会社の実務上は、グループ全体の構造や特性に即して、グループ会社の経営上の重要性や抱えるリスクを踏まえて、グループ全体に行きわたる実効的な経営管理を行うことが重要であると考えられています（2018年に日本取引所自主規制法人が策定した「**上場会社における不祥事予防のプリンシプル**」）。特に、海外子会社や買収子会社における不祥事も多いことから、その特性に応じた実効性ある経営管理が求められています。また、CGコード（P.78）では、上場会社の取締役会はグループ全体を含めた内部統制やリスク管理体制を適切に構築し、内部監査部門を活用して、その運用状況を監督すべきとされています。

▶上場会社における不祥事予防のプリンシプル ～企業価値の毀損を防ぐために～【図表1】

原則1	実を伴った実態把握	自社のコンプライアンスの状況を制度・実態の両面にわたり正確に把握する。
原則2	使命感に裏付けられた職責の全う	経営陣並びに監査機関及び監督機関は、職責を全うし、適切な組織設計とリソース配分に配意する。
原則3	双方向のコミュニケーション	現場と経営陣の間の双方向のコミュニケーションを充実させ、現場と経営陣がコンプライアンス意識を共有する。
原則4	不正の芽の察知と機敏な対処	コンプライアンス違反の早期発見と迅速な対処により、重大な不祥事に発展することを未然に防止する。
原則5	グループ全体を貫く経営管理	グループ全体に行きわたる実効的な経営管理を行う。
原則6	サプライチェーンを展望した責任感	サプライチェーンの当事者としての役割を意識し、その責務を果たすよう努める。

▶子会社管理の内部統制システムの基本方針参考例（監査役会設置会社）【図表2】

（企業集団における業務の適正を確保するための体制）

1. 当社は、グループ全体の連結業績の向上に資するよう、当社とグループ会社間の管理責任体制やグループ会社の当社に対する報告事項を含む運営要領を定め、グループ会社を支援し、指導する。
2. 当社は、グループ全体として業務の適正を確保し、グループ全体における各種リスクを適切に管理するため、コンプライアンスやリスク管理に関する諸施策を、グループ会社を含めたグループ全体として推進し、グループ会社各社に、その規模や特性に応じた内部統制システムを整備させ、当社の管理部門がその状況を監査する。
3. 当社は、当社及びグループ会社各社の財務情報の適正性を確保し、信頼性のある財務報告を作成し、開示するために、グループ会社各社と協力し、必要な組織及び規則等を整備する。

まとめ

- ☐ **上場会社ではその会社と子会社からなる企業集団によるグループ経営が主流。親会社役員の子会社管理責任の有無については見解が分かれる**
- ☐ **グループ全体での実効的な経営管理を行うことが重要**

▶Column

企業不祥事等の第三者委員会

◯日本弁護士連合会のガイドラインが実務のスタンダード

企業不祥事があとを絶ちません。内部統制システムの牽制機能が働いていないのか、むしろ企業が不祥事を隠蔽できない仕組みが機能しているのか、いずれにせよ、企業には、ステークホルダー（株主、従業員、投資家、消費者、取引先、監督官庁等）の信頼回復が急務となり、自ら事実調査、事実評価及び原因究明を行い、再発防止策を講じることが必要になります。

しかし、ステークホルダーは、経営陣の自浄作用に疑念を抱くのが一般的です。そこで、経営陣から独立し、中立の第三者がその役割を担うことになります。

取締役会は、第三者委員会の設置を決定し、委員（弁護士、会計士、業界の専門家等）を選定し、調査を委嘱します。日本弁護士連合会の「企業等不祥事における第三者委員会ガイドライン」では、第三者委員会に調査報告書の作成及び原則的開示を義務づけ、その公正性を担保するために、起案権の専属、経営陣の不利となる事情の記載、事前非開示を要請しており、これが実務のスタンダードです。

第三者委員会は、事実調査で、必要に応じて調査を担当する専門家を選任し、関係する書類・録音の精査、関係者のヒヤリング、メール等のデジタルフォレンジック（削除データの復元、データの検索による証拠収集等）を行うほか、アンケートによる企業風土等の調査、通報窓口の設置による類似案件の調査等を行うこともあります。また、法的評価のみにとらわれることなく事実評価を行うとともに、原因究明では、不正のトライアングル（動機、機会、正当化理由）の手法等を用いて分析し、内部統制システムの知見を踏まえて再発防止策を提言します。

Part 5

計算・資金調達

様々な調達方法と決算等の手続

資金調達
企業の資金調達一般

▶資金調達の種類

株式会社の資金調達には、主要な分類として株式発行等を通じた**エクイティファイナンス**と銀行借入等を通じた**デットファイナンス**があります。一般的に、前者はエクイティ（株式）による資金調達であり、資金の拠出者は「株主」として、後者はデット（負債）による資金調達であり、資金の拠出者は「債権者」として位置付けられます。エクイティ（株式）とデット（負債）には、一般的に、①負債には会社に債権者への利息・元本の支払義務があるのに対し、株式には会社に株主への配当の支払義務・出資金の払戻義務がない、②負債の利息・元本の支払いが株式の配当・残余財産分配に優先する、③株主は原則として会社の意思決定に係る株主総会の議決権を有するが、債権者は株主総会の議決権は有しない等の相違点があります。また、ハイブリッド証券（P.120）等の上記2つの中間的な資金調達方法（**メザニンファイナンス**）も用いられます。また、その他にも、たとえば、アセットファイナンスは既存の資産を現金化することで資金を調達する方法であり、貸借対照表上は資産の部に影響を与えるファイナンス取引になります。これらの資金調達手法に加えて、近年では、特にスタートアップ企業にとっては、**クラウドファンディング**（P.140）による資金調達や政府系補助金による資金調達も重要な資金調達方法になっています。資金調達の各手法と貸借対照表上の位置付けを示したものが【図表1】です。資金調達を行う場合には、その資金調達の目的や会社のステージに応じて適切な調達方法を選択することが重要です。

▶ 資金調達の各手法と貸借対照表上の位置付け【図表1】

以下の図は各ファイナンス手法が、貸借対照表上のどこに影響を与えるかについて示したものである。

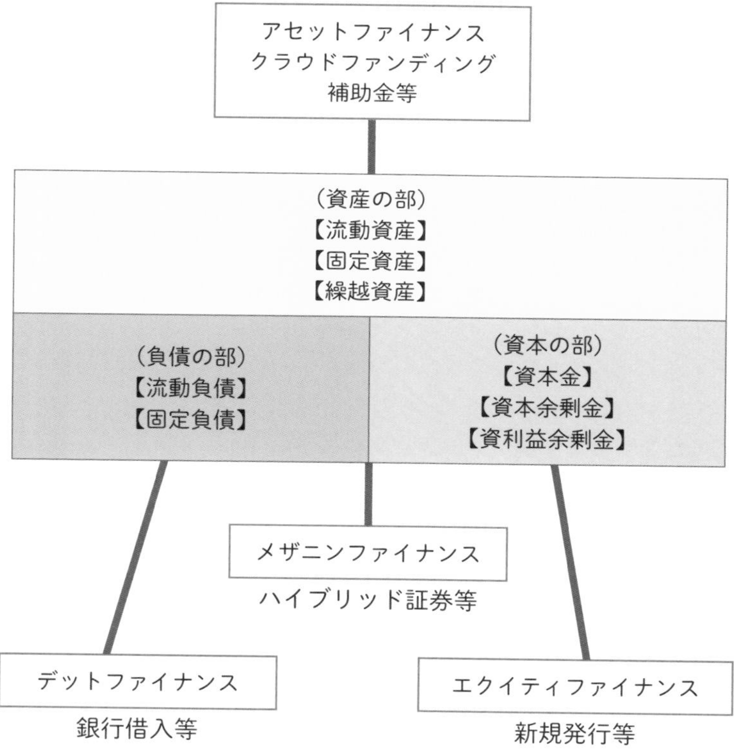

まとめ

□株式会社の資金調達には、大きく分けてエクイティファイナンスとデットファイナンスの2種類があり、返済義務や会社への支配権の有無といった点等の差異がある。資金調達の目的や会社のステージに応じて、適切な調達方法を検討することが重要である

株式総論
株式の発行方法

▶ 最も代表的なエクイティファイナンスの手法

エクイティファイナンスの最も代表的な手法は、**新株発行**（株式を新たに発行すること）です。新株発行の方法には、①**株主割当て**、②**第三者割当て**、③**公募**がありますが、実務上は②③が利用されることが多く、いずれも会社法上の手続は【図表2】のとおりです。

既存株主は、新株発行により持株比率が低下して会社への支配力が小さくなる上、時価より低い対価額で発行されると持株価値が下落するおそれがあるため、新株発行には、既存株主の利益としてⓐ**持株比率**とⓑ**持株価値**を維持する利益を保護するルールがあります。

公開会社では、既存株主は通常持株比率維持に対する関心が低く、利益ⓐの保護の必要性が低いため、**取締役会決議**で募集事項を決定します（授権資本制度、会199Ⅰ・201Ⅰ・202Ⅲ③）。ただし、第三者割当てで株式の対価額が「特に有利」な金額である場合（**有利発行**）には、利益ⓑの保護のため、株主総会**特別決議**が必要です会199Ⅲ・201Ⅰ・309Ⅱ⑤。また、新株発行により**支配株主**（全議決権の過半数以上を持つ株主）が異動する場合には、全議決権の10％以上を持つ既存株主が新株発行に反対すると、特別に利益ⓐを保護するため、株主総会**普通決議**が必要になります会206の2。

他方、**非公開会社**では、既存株主は通常持株比率維持に対する関心が高いので、利益ⓐの保護のため、株主総会特別決議により募集事項を決定します会199Ⅱ・202Ⅲ④・309Ⅱ⑤。ただし、株主割当てでは持株数に応じて新株が発行され、持株比率に影響はないため、定款に取締役会決議で募集事項を決定する旨を規定できます。

▶ 新株発行の方法【図表1】

❶ 株主割当て	❷ 第三者割当て	❸ 公募
全株主に対し、持株数に応じて新株を発行する手法	特定の者（株主に限らない）に対し、新株を発行する手法	不特定多数の者に対し、新株を発行する手法

▶ 新株発行の会社法上の手続【図表2】

①募集事項の決定
発行する株式数や1株と引換えに払い込む金額（払込金額）等を決定する

▼

②募集事項の公示 会201Ⅲ・202Ⅳ
- 公開会社では、払込期日の2週間前までに募集事項を通知又は公告する
- 非公開会社では、株主総会で募集事項を決定するため公示は不要

▼

③申込み
- 会社は申込みをしようとする者に募集事項等を通知する 会203Ⅰ
- 申込みをしようとする者は、書面等により申込みを行う 会203Ⅱ・Ⅲ

▼

④割当て・引受け
- 申込みに対し、会社は新株を引き受ける者と株式数を定め（割当て）、振込期日の全室までに申込者に通知する 会204Ⅰ・Ⅲ
- 割当てにより、申込者は引受人として確定する 会206

※③・④の手続は、引受人が発行する株式の総数を引き受ける旨の契約（総数引受契約）を締結する場合は不要 会205Ⅰ

⑤払込み
- 引受人は、払込期日又は期間内に株式の払込金額全額を払い込む 会208
- 払込みを行うと、引受人は払込日に株式を取得する

まとめ

- □ 新株発行の方法には、①株主割当て、②第三者割当て、③公募があるが、②③が利用されることが多く、会社法上の手続は共通する
- □ 公開会社と非公開会社では新株発行時に保護すべき既存株主の利益が異なるため、募集事項の決定機関が異なる

株式①　非上場会社の場合
優先株式の発行・投資契約

▶優先株式の発行と投資契約及び株主間契約

種類株式発行会社（会2⑬）が発行する種類株式のうち、剰余金や残余財産の分配において、普通株式より優先した定めがある株式のことを実務上、**優先株式**と呼びます。非上場会社、とりわけスタートアップと呼ばれる成長過程の会社においては、会社の将来性というリスクへの投資となる代わりに優先株式を発行することで投資家を集めるケースが実務上多く見られます。ただし、実務上、優先株式に対する配当がなされるケースはほとんどないため、残余財産の分配に関する優先性が特に重要な内容であるといえます。上場会社においても買収防衛策や金融支援等を目的として種類株式が発行されることはありますが、日本では上場時に種類株式をすべて普通株式に転換することが通例であり、資金調達の手段としての種類株式の発行を行うのは多くの場合は非上場会社です。

非上場会社の新株発行による資金調達においては、**投資契約**や**株主間契約**といった契約が結ばれることが通常です。投資契約においては、発行会社への法務**デュー・ディリジェンス**等を通じて検出された発見事項を前提に投資実行の前提条件を定めたり、投資実行時の会社の状態について発行会社に**表明保証**をさせたり、投資実行前後に特定の行為を義務付ける条項を入れたりします。これに対して、株主間契約では会社の特定の意思決定に関する事前承諾条項や、株式売却時に他の株主の株式を強制的に売却させる権利（**強制売却権**）や優先して自身が株式を買い取る権利（**先買権**）について定めることがあります。

▶ 非上場会社が締結する投資契約及び株主間契約の概要【図表1】

投資契約	投資の条件を定めた契約。出資者と発行体である会社との間で締結される 投資契約には法務デュー・ディリジェンスの結果をふまえて出資義務の条件を定める前提条件や会社の状態について保証させる表明保証条項、会社に一定の義務を定める誓約条項や違反時の補償について定める補償条項などが規定される。
株主間契約	株主間での株式の取り扱いや会社の意思決定について定めた契約。出資者と発行体である会社のほか、経営株主・創業者との間で締結されることが通常である 株主間契約には、出資者に会社の経営について関与させるために事前協議条項や事前承諾条項を定めたり、出資者または経営株主が株式を売却する際の規律として先買権や強制売却件を定めていることもある。また、経営株主に競業禁止義務を規定することも多い。

まとめ

- □株式会社は種類の異なる株式を発行することができ、特に、投資家にとって残余財産分配等の面で有利な内容を定めた優先株式の発行は非上場会社の資金調達の方法として実務上よく採用される方法である
- □投資の実行時には投資条件を定めた投資契約や会社の意思決定に関する制限や株式の取り扱いについて定めた株主間契約を結ぶことが多い

株式② 上場会社の場合 有価証券届出書

上場会社による新株の発行と有価証券届出書

上場会社が1億円以上の新株を発行する場合には、会社法上の通常の手続（P.110）に加えて、**有価証券届出書**の提出が必要となります（金商4・5）。非上場会社の場合、株式の取得勧誘の相手方がプロの投資家（**適格機関投資家**）のみである場合や少人数である場合等、一定の要件を満たしている場合には**私募**として有価証券届出書の提出が不要となりますが、上場会社による第三者割当増資（P.110）の場合には、私募に該当しないことから、株式の取得勧誘の相手方の属性・人数に関わらず有価証券届出書の提出が義務付けられます。有価証券届出書は開示用電子情報処理組織（通称「**EDINET**」）によって公衆縦覧されます。

有価証券の募集・売出しに関する有価証券届出書には、内閣府令第5条第1項で定める事項を記載しなければなりません。記載事項は第一部の**証券情報**と第二部の**企業情報**に大別されます。特に、上場会社による第三者割当増資にあたっては、有価証券届出書の第2号様式の「第三者割当の場合の特記事項」の欄に①割当予定先の状況、②株券等の譲渡制限、③発行条件に関する事項、④大規模な第三者割当てに関する事項、⑤第三者割当後の大株主の状況、⑥大規模な第三者割当ての必要性、⑦株式併合等の予定の有無及び内容、⑧その他参考になる事項の記載が求められます。このような上場会社による第三者割当て増資時の開示規制の充実は、必ずしも投資者への情報提供を目的としたものではなく、不透明な第三者への募集株式の発行を抑止し、企業行動を規律するためのものであるとされています。

▶ 新株発行時の有価証券届出書の項目（抜粋）【図表1】

第一部 （証券情報）	第１　募集要項 １　新規発行株式 ２　株式募集の方法及び条件 ３　株式の引受 10　手取金の使途　等
第二部 （企業情報）	第１　企業の概況 第２　事業の概況 第３　設備の状況 第４　提出会社の状況 第５　経理の状況 第６　提出会社の株式事務の概要　等
第三部 （提出会社の保証会社等の情報）	第１　保証会社情報 第２　保証会社以外の会社の情報 第３　指数等の情報
第四部 （特別情報）	第１　最新の財務諸表 第２　保証会社及び連動子会社の最近の財務諸表又は財務書類

まとめ

□上場会社が１億円以上の新株の発行を行う場合には、有価証券届出書の提出が必要となる。有価証券届出書には主として、証券情報と企業情報が記載され、提出された有価証券届出書はEDINETを通じて公衆縦覧される

ライツ・オファリング

株式の発行と希釈化への対応とライツ・オファリング

上場会社が市場において募集株式の発行等を行った場合、不特定多数の出資者が新たに株主となる結果、議決権比率に影響が出るだけではなく、発行済株式数の増加に比した企業価値の増加が期待されない場合に株価が下落することがあります。このように、募集株式の発行等に伴う既存株主の利益（株価）の下落を「**希釈化**」といいます。上場会社が公募増資を行う場合に生じる希釈化から既存株主の利益をどのように守るかという点は上場会社の資金調達における重要な論点の１つとなります。

このような希釈化への対応策として導入されたのが**ライツ・オファリング**（ライツ・イシューや新株予約権無償割当ともいいます）です。ライツ・オファリングは、資金調達を行いたい時期を行使期限とする新株予約権を既存の株主にその持株割合に応じて無償で割り当てるものです。併せて新株予約権を上場し、新株予約権を行使する意思のない既存株主は無償で割り当てられた新株予約権を市場で売却し、その利益をもって希釈化による損失に補填することができるようにします。ライツ・オファリングのうち、権利行使されなかった新株予約権を証券会社が買い取るものを**コミットメント型**、そうでないものを**ノンコミットメント型**と呼びます。ただし、資金調達に長期間の時間を要する点、発行コストが第三者割当増資に比して高額である点、ノンコミットメント型では権利行使されない新株予約権が消滅してしまう結果として当初見込んだ金額の資金調達できないリスクがある点等がデメリットとして考えられます。

▶ ライツ・オファリングの仕組み【図表1】

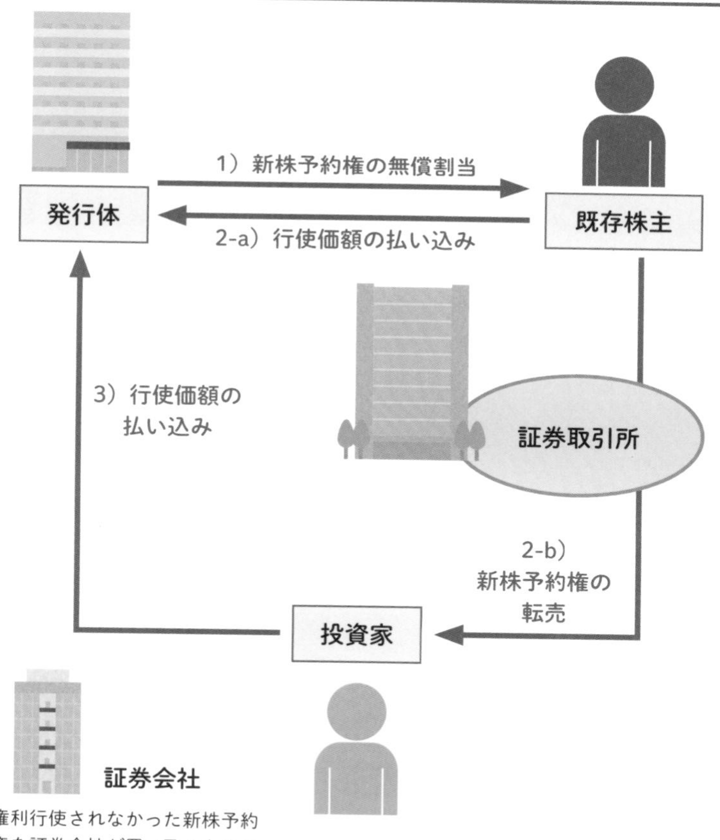

権利行使されなかった新株予約権を証券会社が買い取るものはコミットメント型という

まとめ

- □ライツ・オファリングとは、上場会社が募集株式の発行を行う場合の既存株主の利益の希釈化に配慮した手法であり、市場での売却可能性を前提とした新株予約権無償割当を行うことである
- □資金調達手法としての相対的なコストの高さや資金調達の不確実性がデメリットとして挙げられる

社債・CP

社債

社債とは、会社が資金調達のために発行する債券です。会社法上は会社が行う割当てにより発生する当該会社を債務者とする金銭債権であって、一定の定めに従って償還されるものをいい会2㉓、取締役会設置会社ではその発行に取締役会決議が必要です会362Ⅳ⑤。社債は、多数の小口の債権者に発行することが多く、社債契約の変更等の社債権者の利害に関する事項については**社債権者集会**の決議によることとされています。また、小口の社債権者が自らの権利を実行することは容易ではないため、社債の発行会社に**社債管理者**会702の設置を義務付ける等の社債権者保護制度も定められています。もっとも、実務上は設置のコストを避けるため会社法の例外規定に則って社債管理者を設置しないケースも頻発していたことから、令和元年会社法改正では社債管理者を設置せずに**社債管理補助者**を定め、社債管理を委託できる制度が新設されました。

コマーシャルペーパー（CP）

コマーシャルペーパー（CP）とは、会社が短期の資金調達を行うために発行する無担保の約束手形のことです。通常、償還期間は30日とされ、利息を割り引いた額で発行されます。主に機関投資家向けの有価証券で、無担保のため格付の取得が必要とされています。従来は特殊な約束手形が使用されていましたが、現在はペーパーレス化されており、社債等振替法で**短期社債**として機動的な発行、流通、償還ができるようになっています。

▶ 社債管理補助者・社債権者集会【図表1】

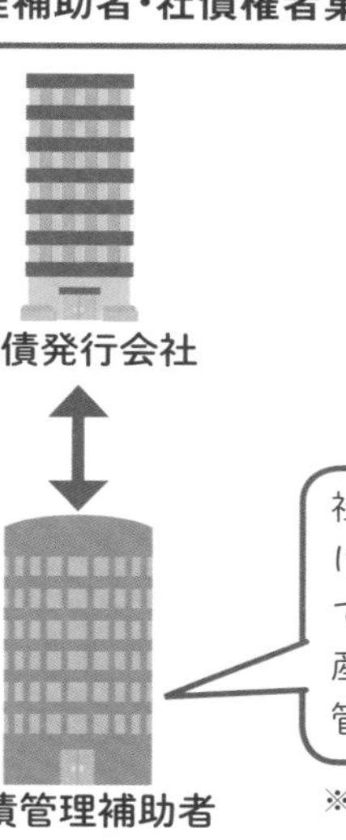

社債権者からの委託を受け、社債管理者が設置されていない社債に関して、倒産時の債権届出等の社債の管理を補助

※令和元年改正による

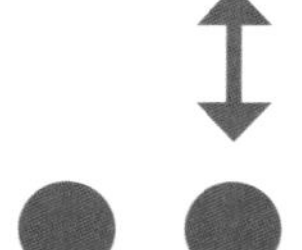

社債権者の利害に関する事項について決議

まとめ	□社債とは、企業が資金調達を目的として発行する債券であり、デットファイナンス（P.108）の一種である。通常の社債の償還期限（10年程度）よりも短期の償還期限で発行されるコマーシャルペーパー（CP）も活用され、近年、短期社債としてペーパーレス化されている

ハイブリッド証券 優先株式・劣後債

ハイブリッド証券の代表例

債券と株式の性質を併せ持つ証券のことを**ハイブリッド証券**といい、代表的なものとしては、**劣後債**や**優先株式**等があります。

優先株式は、基本的に株式としての性質を有するものの、剰余金の配当や残余財産の分配が普通株式に優先して行われる点で、利息の支払いや元本の償還が株式に優先して行われる債券に近い性質も有しています。金融商品としての優先株式は、弁済順位において債権者よりも劣後するというデメリットがありますが、価格が上振れした際の利益が大きくなるというメリットもあります。

他方、劣後債は、基本的に債券としての性質を有するものの、会社の信用悪化時に弁済順位が一般債権者に劣後する点で、剰余金の配当や残余財産の分配が債券の弁済に劣後する株式に近い性質も有しています。また、劣後債には、償還期限が定められている**期限付劣後債**のほか、償還期限が定められていない**永久劣後債**もあり、後者は、出資金の払戻しが原則として認められない株式により近い性質を有しているといえます。金融商品としての劣後債は、弁済順位が一般債権者に劣後するというデメリットがありますが、通常の債券よりも利回りが高いというメリットがあります。

このように、ハイブリッド証券には様々な性質の金融商品を用意することにより、投資家のニーズに応え、資金調達をし易くする側面もあります。

ハイブリット証券とその特徴【図表1】

普通社債

ハイブリッド証券

期限付劣後債

劣後債のうち満期が定められたもの

永久劣後債

劣後債のうち満期が定められていないもの

優先株式

P.112参照

普通株式

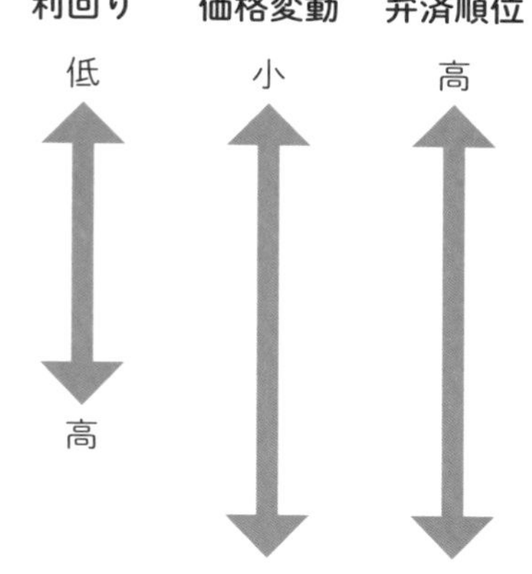

まとめ

- □ハイブリッド証券は負債と資本の性質を併せ持つ証券のことをいう。ハイブリッド証券の中でもより債券に近い性質を有するものや株式に近い性質を有するものがあるが、特に、利回り、価格変動、弁済順位等の点について様々なバリュエーションを持つ
- □一般的に、ハイブリット証券のうち株式に近い性質をもつ証券は社債に近い性質をもつ証券に比べて、投資家にとってハイリスク・ハイリターンの金融商品である

新株予約権付社債

新株予約権付社債とその種類

新株予約権付社債は、新株予約権を付した社債のことであり会2㉒、償還期限に償還を受ける社債としての性格と権利行使をして株式に転換するという新株予約権としての性格の双方を有するため、投資家から見ると、ローンとしての安全性と証券としての投機性を持った金融商品であると説明されます。他方、発行体は新株予約権付社債の利率を通常の社債よりも低く設定することが一般的です。会社法上、新株予約権付社債に付された新株予約権の数は当該新株予約権付社債についての社債の金額ごとに均等に定めなければならないとされており会236Ⅱ、また、新株予約権付社債はそれに含まれる新株予約権と社債を分離して流通させることができないとされている点会254Ⅱ・Ⅲに注意が必要です。新株予約権付社債は、上場会社のみならず、スタートアップ企業の資金調達の手法としても活用され、特に株価算定が困難である場合や投資家の足並みが揃わずに株主資本(エクイティ)による資金調達が困難である場合等に、**ブリッジローン**として使用されています。非公開会社が新株予約権付社債による資金調達を行う場合には、勧誘対象者が50名未満であることに加えて**私募要件**を満たしていないと金融商品取引法上の開示規制の適用がある点にも注意が必要です。

新株予約権付社債には、大別して、①権利行使に際して社債それ自体が出資の目的となり、社債の消滅と引き換えに株式の交付を受けられる**転換社債型**と②権利行使時に発行体に金銭を払い込み、社債は引き続き保有する**ワラント債型**が存在します。

▶ 代表的な新株予約権付社債とその法的位置付け【図表1】

種類	法的特徴	会社法上の整理	
転換社債	権利者は一定の価格で株式への転換を請求する権利を持つ	新株予約権付社債	転換社債型新株予約権付社債
ワラント債	社債権者に新株予約権を付与するもの（ただし分離はできない）		一般の新株予約権付社債
強制転換型社債	発行体は一定価格で社債を株式に転換する権利を持つ		転換社債型新株予約権付社債に行使に関する特約をつけたもの
分離型ワラント債	社債と新株予約権をセットで販売する金融商品	社債と新株予約権（新株予約権付社債ではない）	

▶ 転換社債型とワラント債型【図表2】

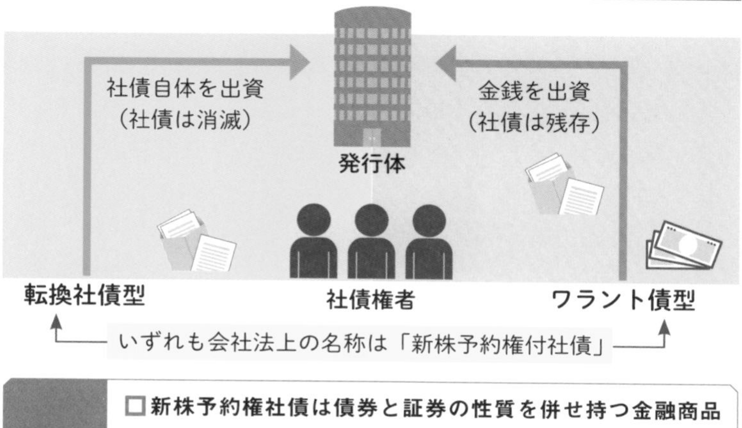

まとめ	□ 新株予約権社債は債券と証券の性質を併せ持つ金融商品であり、上場会社のみならずスタートアップのファイナンス手法としても有効である。発行時には株式への転換条件や開示規制の適用有無を精査する必要がある

IPO

IPO

IPOはInitial Public Offeringの略称であり、**新規株式公開**を意味します。IPOを果たした株式会社は上場会社となり、上場会社の株式は、証券取引所において誰でも売買できる状態となります。なお、日本国内には、東京証券取引所、名古屋証券取引所、札幌証券取引所及び福岡証券取引所の４つの証券取引所が存在します。IPOは、スタートアップ企業にとっては１つのゴールとされることもあり、IPOを行う最大の目的は不特定多数の投資家から資金調達を行うことにありますが、その他にも、上場企業となることによって社会的な認知を得て人材の獲得や事業推進を円滑に行うということも重要なメリットです。一方で、不特定多数の出資者が株主となることに伴い株主総会等の株主対応やさまざまな開示が求められることに伴う体制整備等のコスト（上場維持コスト）が増加するほか、**インサイダー取引規制**（P.42）の適用対象となる点にも注意が必要です。

IPOを行うためには、証券取引所が定める上場基準を満たす必要があります。上場基準は上場先の証券取引市場で異なります。たとえば、東京証券取引所のプライム市場の場合には有価証券上場規程第211条等に定められた形式要件（たとえば、株主数、流通株式、時価総額等）の他に有価証券上場規程第213条所定の実質審査基準（①企業の継続性及び収益性、②企業経営の健全性、③企業のコーポレート・ガバナンス及び内部管理体制の有効性、④企業内容等の開示の適正性及び⑤その他公益又は投資者保護の観点から東京証券取引所が必要と認める事項）をクリアする必要があります。

▶ IPOの各フェーズとタスク（概要/一例）【図表1】

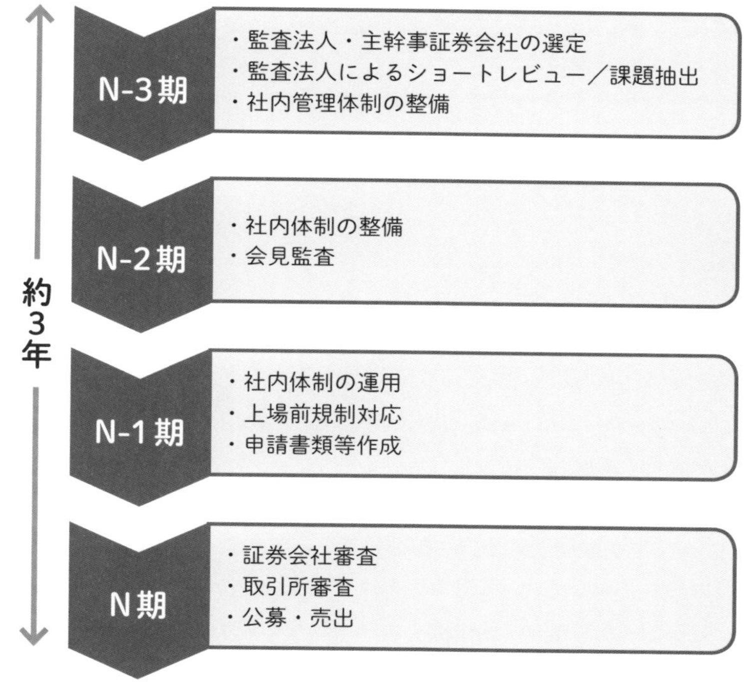

約3年

N-3期	・監査法人・主幹事証券会社の選定 ・監査法人によるショートレビュー／課題抽出 ・社内管理体制の整備
N-2期	・社内体制の整備 ・会見監査
N-1期	・社内体制の運用 ・上場前規制対応 ・申請書類等作成
N期	・証券会社審査 ・取引所審査 ・公募・売出

まとめ

- □ IPOは、証券取引所において株式を流通させる新規株式公開のことであり、市場を通じて不特定多数の投資家から出資を受けることができるようになる
- □ IPOを行うためには形式要件と実質審査基準の双方をクリアする必要があり、IPOを果たすまでには概ね3年程度を要する

株主還元①　剰余金の配当

▶剰余金の配当と手続

株式会社は、その事業で得られた利益を株主に還元することを目的としています。株主への利益の還元のうち、最も一般的な方法は剰余金の配当による方法です会453。株式会社は配当財産の帳簿価格の総額が剰余金の配当の効力が生じる日の**分配可能額**を超えない限り、1事業年度中に任意のタイミング・回数の配当を行うことができます。

剰余金の配当を行うためには、原則として株主総会による普通決議が必要です会454 Ⅰ。株主総会の決議では、(i) 配当財産の種類及び帳簿価額の総額、(ii) 株主に対する配当財産の割当に関する事項、及び (iii) 配当の**効力発生日**を定める必要があります。ただし、取締役会設置会社においては事業年度中に1回に限り、取締役会の決議で配当を行うことができます会454 Ⅴ。さらに、①会計監査人設置会社である監査役会設置会社であって取締役の任期が1年以内である会社か、又は、②委員会型の会社は剰余金の配当等を取締役の決議で行うことができる旨を定款で定めることができます会459 Ⅰ。ただし、かかる定款の定めは最終事業年度に係る計算書類について会計監査人の**無限定適正意見**を受け、かつ、監査役会等の監査機関の監査報告に会計監査人の監査の方法・結果を不相当とする意見がない場合に限り効力を有する点に注意が必要です会459 Ⅱ・460 Ⅱ 計規155。重要な点として、会社法は会社が株主に対して分配できる財産の額に一定の規制（これを**分配可能額規制**や**財源規制**という）を設けている点があり注意が必要です。

▶ 分配可能額と「剰余金」の関係【図表1】

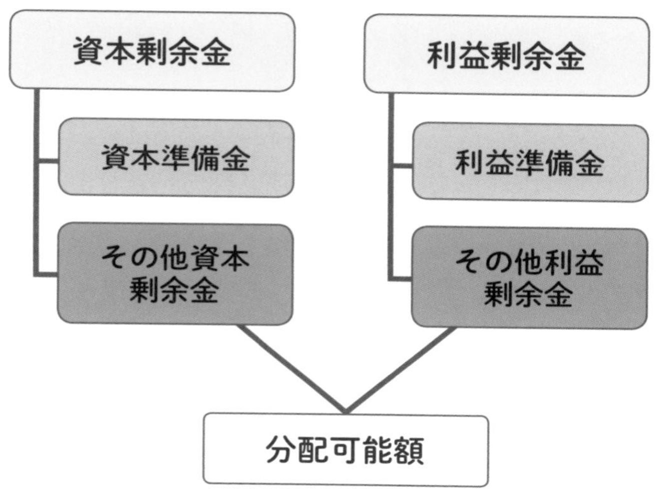

▶ 分配可能額の算出イメージ【図表2】

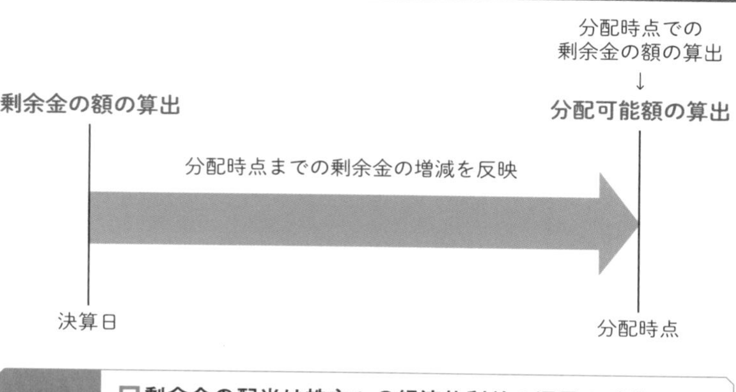

まとめ

□剰余金の配当は株主への経済的利益の還元の手法の一つである。手続には原則として株主総会決議が必要であり、また、他の株主還元と同様に分配可能額規制を受ける点に注意が必要である

株主還元②　自己株式取得

自己株式の取得と手続等

会社法は株式会社が自ら発行した**自己株式**（会113Ⅳ参照）を株主から取得し、自己株式とすることを認めていますが、株主との合意による自己株式の有償取得については、すべての株主に保有株式の売却機会を与える方法を原則とした上で会156-159、特定の株主から自己株式を取得する場合の特則を定めています会160-164。さらに、上場会社による自己株式の取得にあたっては、市場取引等による自己株式の取得に関する特則を定めています会165。自己株式の取得は会社財産の分配という点では剰余金の配当と同様の株主還元の一種ですが、特定の株主に保有株式に応じて財産分配を行うという点で、**株主間の公平性**の問題が生じることが規制の背景です。

株式会社が株主との合意によって自己株式を有償で取得する場合には、取得枠（取得株式数、対価の内容及び取得することができる期間）を株主総会の普通決議で定めて会156Ⅰ、各株主に対して平等に売却機会を与えることが原則です。このような原則的な手続を実務上**ミニ公開買付け**といいます。これに対して、特定の株主から自己株式を取得する場合には株主間の公平性の問題がより顕著に現れることから、株主総会の特別決議を要求しています会156Ⅰ・309Ⅱ②。この場合には、他の株主は、会社に対して自己株式の取得議案に自分も売主として加えるように請求することができます会160Ⅲ。ただし、この**売主追加請求権**は、市場価格がある株式を市場価格以下の価格で取得する場合など、特定の株主が有利に扱われる危険性が小さい場合には適用されません会161 規則30。

特定の株主からの自己株式の取得手続【図表1】

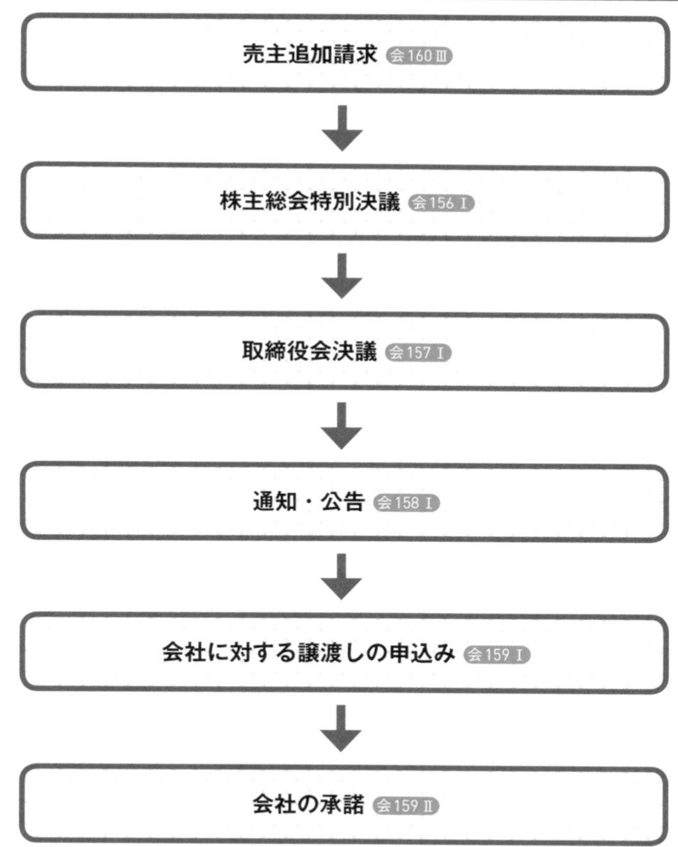

まとめ

- □株式会社は自己株式を有償で取得することで、株主に対して、財産の分配を行うことができる
- □株主間の公平性の観点から、自己株式の取得は全株主に平等に売却機会を与えることを原則とし、特定の株主のみからの自己株式の取得をする場合には売主追加請求を含む規制が適用される

株主還元③　株主優待

株主優待と関連する法的論点

上場会社の多くは、毎事業年度の一定時期に、株主に対して当該株式会社のサービスや商品を利用するための金品等を交付しています。これを一般的に**株主優待制度**といい、実務上、株主還元の1つの方法とされています。この制度は、株主への経済的利益の贈与ではありますが、会社法上の剰余金の配当（P.128）会453ではないと整理されており、実務上は株主総会の承認決議も経ずに実施されていることが通常です。2022年9月時点では、全上場企業の約4割に該当する1,463社が株主優待制度を実施していますが、近年では「公正な利益還元のため」という理由から株主優待制度を廃止する企業も少なくないようです（株式会社大和総研による2023年1月18日付「近年の株主優待の実施動向と、廃止による株価下押し圧力の推計」）。

株主優待制度を巡っては、従来、①厳密な意味での持株数に応じた金品等の交付ではないことから**株主平等原則**会109に反しないか及び②会社による株主の権利の行使に対する**利益供与の禁止**会120との関係性が論じられていました。前者に関しては、優待制度の内容・効果を実質的に総合判断するべきであり、優待の程度が軽微であれば株主平等原則に反しないといった整理がなされており、通説上は、上場会社において一般的に行われている株主優待制度が適法であることについては異論がないようです（ただし、株主の株式保有期間に応じ、長期保有株主を優待するものについては異論もあります。）。後者に関して、裁判例は、株主優待制度はあくまでも社会通念上許容される範囲であることが必要としています。

▶上場会社の株主優待の品目種別と導入社数（概数）【図表1】

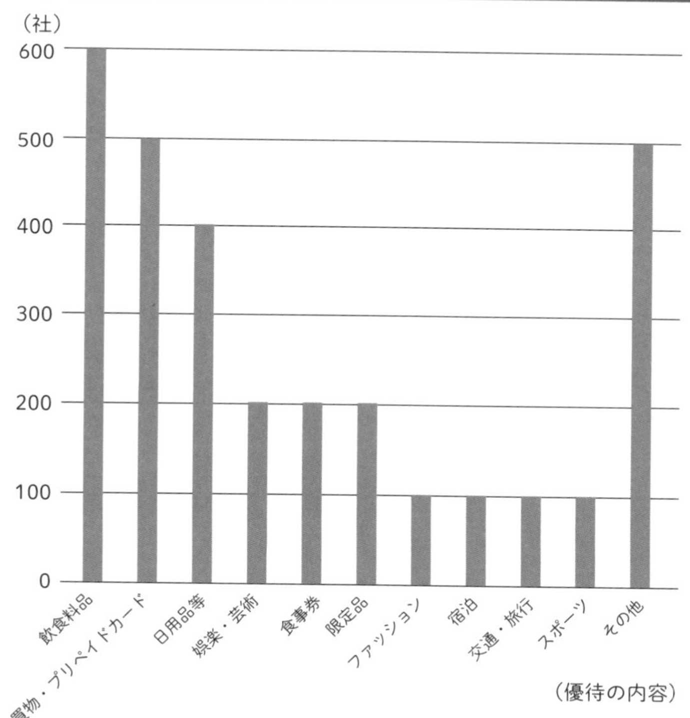

出典：株式会社大和総研2023年３月８日付「優待内容から見る株主優待廃止企業の特徴」をもとに著者が作成

※１社で複数の優待がある場合１つの優待品が複数の費目にまたがる場合には重複して計上している

まとめ

- □株主優待制度は、上場会社における株主への利益還元として一般的に行れる手法だが、近年では公正な利益還元とは言い難いことから廃止する企業も増えている
- □株主優待が、会社法上禁止される利益供与に該当しないためには、「社会通念上許される範囲」であることが必要

決算・臨時決算

決算と臨時決算

株式会社は各事業年度の終わりに、当該事業年度に係る**計算書類**（**貸借対照表**、**損益計算書**、株主資本等、変動計算書及び注記表）及び**事業報告**ならびにそれらの**附属明細書**を作成し、（それらの機関がある場合には）監査役等の監査機関・会計監査人の監査、取締役会の承認を受けた上で会435Ⅱ、436、原則として、定時株主総会による承認を得なければなりません会438Ⅱ。そして、定時株主総会の後に遅滞なく貸借対照表（大会社ではこれに加えて損益計算書）を公告する必要があります（**決算公告**。会440Ⅰ）。株式会社は、定時株主総会の日の1週間前（取締役会設置会社では2週間前）から5年間、計算書類及び事業報告ならびにそれらの附属明細書を本店に備え置かなければなりません会442Ⅰ①。上場企業は、金融商品取引法や証券取引所規則にしたがって、決算内容を有価証券報告書や決算短信等で開示する義務も負います（次項参照）。なお、事業年度の設定は会社の自由ですが、比較的多くの株式会社が事業年度末を3月31日として3月決算を行っているのが実情です。

上記の決算手続とは別に、会社は最終事業年度の直後の事業年度に属する一定の日（**臨時決算日**）における財務状況を把握するために、臨時計算書類を作成することができます会441。期中において会社に利益が生じた場合であっても、当該利益は次の決算日を迎えるまでは貸借対照表には反映されませんので、分配可能額が増えることもありません。このような場合に、期中の利益を貸借対照表に盛り込むために臨時決算が行われます。

▶3月末日を事業年度とする上場会社の決算と情報開示の例【図表1】

四半期	月	決算・情報開示
第1四半期	4月	期末決算発表 決算説明会
	5月	
	6月	定時株主総会 有価証券報告書提出
第2四半期	7月	
	8月	四半期報告書提出
	9月	
第3四半期	10月	決算説明会
	11月	四半期報告書提出
	12月	株主向けの中間報告書発送
第4四半期	1月	決算説明会
	2月	四半期報告書提出
	3月	

まとめ

☐株式会社は各事業年度の終わりに計算書類等を作成し、原則として定時株主総会の承認を経た上で、貸借対照表を公告しなければならない。期中の会社利益を把握し、計算書類に反映することを目的として、会社は臨時決算を行うこともできる

上場会社の開示制度 発行開示・継続開示・適時開示

上場会社の開示制度

上場会社の株式は証券取引所において不特定多数の投資家の取引対象とされます。そのため、投資判断の材料として、上場会社は様々な局面でその情報を開示することが義務付けられています。

上場会社が行う情報開示は、(i) 会社が自らその情報を開示する**任意開示**のほかに、(ii) 金融商品取引法や会社法に基づく**法定開示**、そして (iii) 取引所規則に基づく**適時開示**があります。取引所規則に基づく適時開示については、東京証券取引所が公表している「**会社情報適時開示ガイドブック**」が有用です。

金融商品取引法は、有価証券等の公正な取引及び価格形成をその目的として金商1、**発行開示制度**と**継続開示制度**を定めています。前者は有価証券の発行者が、投資家への情報開示として行うことが求められている開示制度です。発行開示制度の具体例として、上場会社は有価証券届出書の開示があります。他方、継続開示制度は、流通市場で取引されている有価証券の投資判断のために情報の開示を求める制度であり、その具体例としては、有価証券報告書、四半期報告書及び臨時報告書等が挙げられます。これらの金商法上の開示は開示用電子情報処理組織（通称「**EDINET**」）によって行われます。これに対して、適時開示は取引所規則に基づき、適時開示情報伝達システム（通称「**TDnet**」）を通じて行われる情報開示であり、有価証券の投資判断に重要な影響を与える上場会社の業務、運営または業績等に関する情報の開示を行うもので、四半期ごとに決算内容をまとめた決算短信、四半期決算短信の開示も求められます。

▶ 取引所開示と法定開示の比較【図表1】

	取引所開示	法定開示
提出手段	取引所が運営する適時開示情報伝達システム（TDnet）	金融庁が運営する開示用電子情報処理組織（EDINET）
対象企業	上場企業 （日本のいずれの証券取引所の上場企業も対象）	金融商品取引法適用企業 （上場企業、過去に有価証券届出書を提出した企業等）
開示書類	取引所規則に基づく開示書類 • 上場会社の情報 ・決定事実 ・発生事実 ・決算短信、四半期決算短信 ・業務予想、配当予想の修正等 ・その他の情報　等 • 子会社等の情報　等	金融商品取引法に基づく開示書類 ・有価証券報告書 ・四半期報告書※2 ・臨時報告書 ・親会社等状況報告書 ・公開買付届出書 ・大量保有報告書　等
罰則等	なし※1	あり

出典：金融審議会「ディスクロージャーワーキング・グループ」（第１回）（2022年10月５日）事務局参考資料12頁を参考に筆者が作成

※１：ただし、有価証券上場規定に基づき、①特別注意銘柄の指定、②改善報告書等の提出、③公表措置、④上場契約違約金の対象となる可能性がある。

※２：2023年11月20日、「金融商品取引法等の一部を改正する法律」が可決され、2024年４月１日から、四半期報告書は廃止されることとなった。

まとめ

- □上場会社による情報開示には、大きく分けて任意開示、法定開示、取引所開示の３種類がある
- □法定開示と取引所開示は、それぞれ開示の根拠が異なり、金融商品取引法等の適用法令と証券取引所の規程の双方を確認し、必要となる情報を適切かつ適宜のタイミングの開示が求められている

減資

減資と手続

株式会社は資本金を減少することができ（会447Ⅰ）、資本金の額を減少させることを実務上、**減資**といいます。その目的は様々ですが、代表的なものとして、減資を行ってその他資本剰余金の額を増加させることで、会社の分配可能額を増加させることがあります。また、事業年度終了の日現在における資本金の額又は出資金の額が１億円を超えている場合には、当該株式会社は**外形標準課税**の課税対象となるので、を回避するために事業年度末までに減資を行うことがあります（ただし、令和６年度税制改正大綱において、外形標準課税の適用対象が変更されますのでご注意ください）。

株式会社が減資を行う場合には、原則として、株主総会の特別決議によって (i) 減少する資本金の額、(ii) 減少する資本金の額の全部又は一部を準備金とするときは、その旨及び準備金とする額、及び (iii) 減資の効力発生日を定める必要があります（会447Ⅰ・309Ⅱ⑨）。また、債権者の利益を保護するため、減資を行う場合には、原則として債権者異議手続も必要となります（会449Ⅱ）。**債権者保護手続**では、①当該減資の内容、②当該会社の計算書類に関する事項、及び③一定期間ここの期間は1ヶ月以上とする必要があります。）内に異議を述べることができる旨を官報により公告し、かつ、知れている債権者に対しては**各別の催告**も必要となります（会449Ⅱ）・（計規152）。ただし、会社が官報の他、定款の定めに従って、時事に関する日刊新聞又は電子公告によって公告した場合には「各別の催告」は要しません（会449Ⅲ）。

株主資本の費目ごとの計数の移動（組入の可否）【図表1】

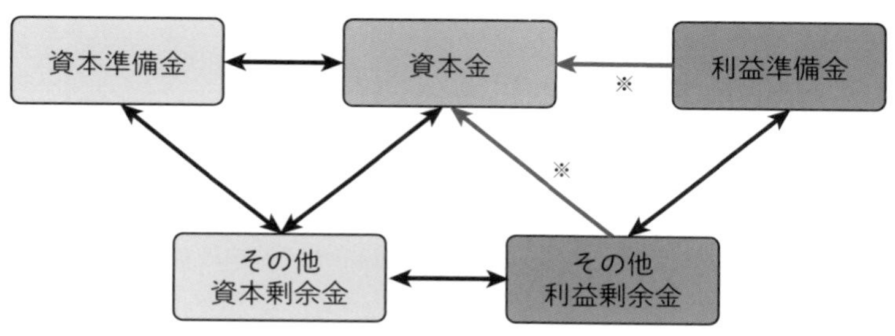

※資本金から利益準備金、資本金からその他利益剰余金への計数の移動は不可

減資の手続き【図表2】

取締役（会）による減資の決定

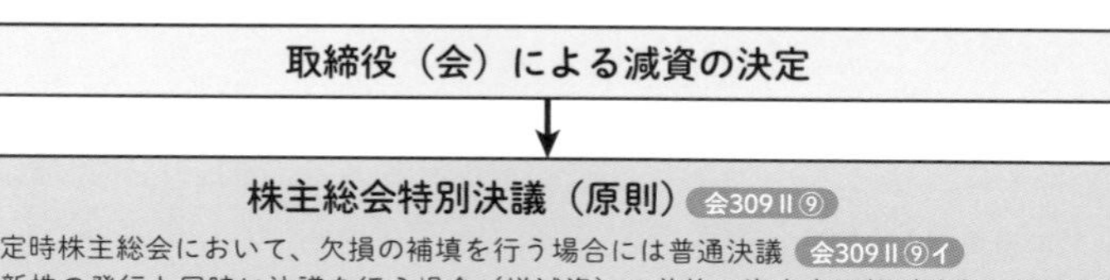

↓

株主総会特別決議（原則） 会309Ⅱ⑨

※定時株主総会において、欠損の補填を行う場合には普通決議 会309Ⅱ⑨イ

※新株の発行と同時に決議を行う場合（増減資）の前後で資本金の額が減少しない場合には、取締役（会）の決定 会447Ⅲ

↓

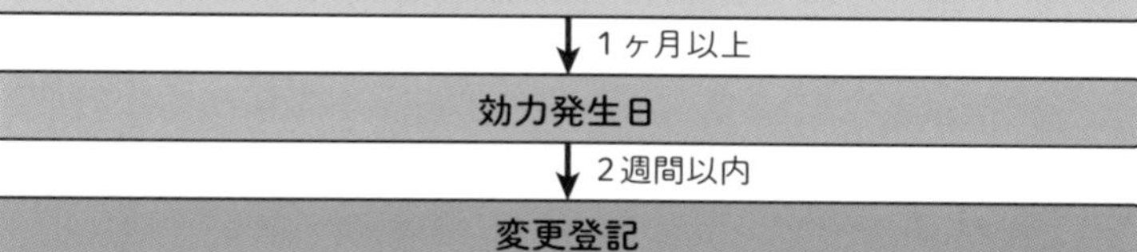

債権者保護手続 会449Ⅱ

官報公告＋知れている債権者への各別の催告

※ただし、会社が官報の他、定款の定めに従って、時事に関する日刊新聞又は電子公告によって広告した場合には「各別の催告」は不要 会449Ⅲ

↓ 1ヶ月以上

効力発生日

↓ 2週間以内

変更登記

まとめ

- □減資とは、資本金を減少させることであり、原則として株主総会の決議のほか、債権者異議手続を経る必要があり、1ヶ月半から2ヶ月程度の期間を要する点に注意が必要である

資本の再構成

リキャップCBとDES・擬似DES

資本の再構成（**リキャピタライゼーション／リキャップ**）とは、資本と負債の比率を変更することをいい、ROE（P.24）の改善や過剰債務の解消等を目的として行われます。

上場会社の一部では、機関投資家や取引所からのROEの改善要請を受け、資本の再構成により自己資本を減らし、ROEを改善する動きが見られます。借入れや転換社債型新株予約権付社債（CB。P.128）の発行により負債を増やすと同時に、それにより得た資金で自己株式取得を行い、自己資本を減らすのがその典型的な方法であり、リキャップに利用されるCBは**リキャップCB**と呼ばれます。

過剰債務に陥った会社を再生するため、金融機関が貸付債権を額面金額で出資（**現物出資**）し、それと引換えに株式の発行を受ける方法（**デットエクイティスワップ**／**DES**／**債務の株式化**）により資本の再構成がなされることがあります。金融機関にとって債権放棄をするとその時点で損失が確定しますが、代わりに株式の発行を受けることにより直ちに損失が確定することを回避し、将来会社が再生した場合には株主としての恩恵を受けられます。また、会社にとっても過剰債務を削減し、自己資本を厚くすることができることから、バブル経済崩壊後の不良債権処理等の際に多く利用されました。もっとも、DESの方法は、会社において債務免除益に課税されるリスクがあることから、実務上は、金融機関が株式の発行を受けて一旦会社に資金を払い込み、会社がそれを原資として債務を返済する**疑似DES**といわれる方法が多く利用されています。

リキャップCBによる資本の再構成【図表1】

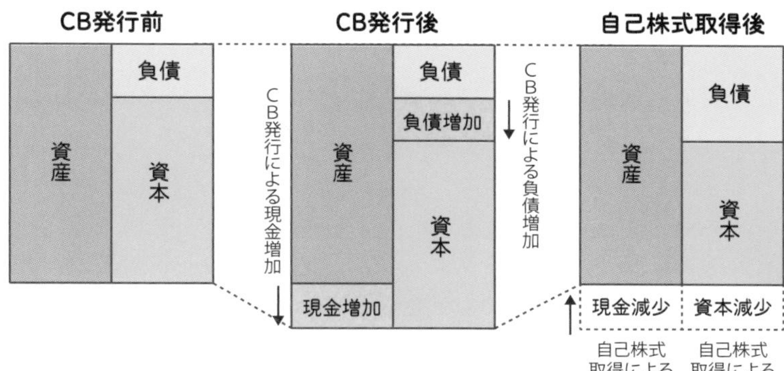

DESによる資本の再構成【図表2】

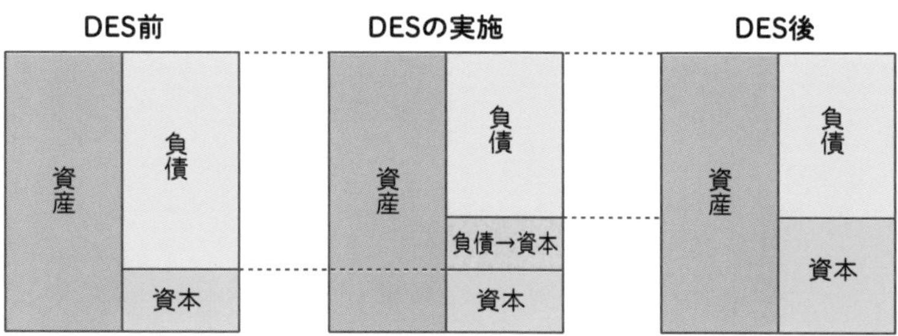

まとめ

- □ROEを改善するため、借入やリキャップCBの発行により資本の再構成（負債の増加と自己資本の減少）がなされることがある
- □企業再生のため、DESや疑似DESにより資本の再構成（負債の削減と自己資本増強）がなされることもある

Column

スタートアップの資金調達

○クラウドファンディングで資金を募る

昨今、クラウドファンディングは、スタートアップ企業にとって有効な資金調達手段となっています。

法的には①投資型クラウドファンディング（資金提供者が出資という形態で資金を提供し収益の一部の分配を受ける形式）、②寄付型クラウドファンディング（出資者が資金を寄付として提供し、リターンがない形式）及び③購入型クラウドファンディング（出資者が資金調達者の一定の商品やサービスを購入する形で資金を提供する形式）など様々な種類が存在します。①の投資型のクラウドファンディングを行う場合には、金融商品取引法に基づく規制対象となる可能性がある点に特に注意が必要です。また、③の購入型のクラウドファンディングを行う場合には、特定商取引法に基づく規制に注意が必要であるほか、販売する製品やサービスに関する担保責任が生じる恐れもあります。

○補助金や融資を受ける

スタートアップ企業に向けた政府による支援が充実しています。①人材・ネットワークの構築、②資金供給の強化と出口戦略の多様化、③オープンイノベーションの推進を3本柱として、2022年11月28日に「スタートアップ育成5か年計画」を決定しました。年度によって助成金や補助金のプロジェクトは異なりますので、公募中の助成金や補助金の情報は経済産業省のスタートアップ支援に関するホームページを確認することが有用です。また、融資の形態ではありますが、日本政策金融公庫による新規開業資金の融資は、借主にとって金利等の観点で有利な条件で融資を受けることができる制度です。

Part 6

M&A

企業再編等の手法と手続

M&Aは企業の組織再編等

▶ M&A

M&A（Mergers & Acquisitions）は、**企業の組織再編等の総称**です。M&Aは、買収者にとっては事業分野・事業規模の拡大等、買収を受ける会社（**対象会社**）にとっては、不採算事業からの撤退や後継者不在の事業承継等の様々な目的で行われます。

M&Aには、①株主から株式を譲り受ける方法（株式譲渡・TOB、P.146）、②会社の事業を譲り受ける方法（事業譲渡・会社分割、P.148）、③会社全体を取得する方法（合併、P.150）、④親子会社関係を作る方法（株式交換・株式移転・株式交付、P.152）等の様々な方法があり、M&Aの目的、必要となる手続、税務上のコスト等を踏まえて、どの手法を選択するかを検討することとなります。

▶ 株主の保護

M&A、とりわけ、会社法に規定のある組織再編（合併、会社分割、株式交換、株式移転、株式交付）の場合、対象会社の株主の地位に重大な変更が生じます。

会社法は、組織再編を行う場合、①**原則、株主総会の特別決議を要求し**、②**反対する株主は会社に対して公正な価格で株式の買取りを請求できる（反対株主の株式買取請求権）こととし**、③組織再編の手続が法令・定款に違反し株主が不利益を受けるおそれがある場合には**事前の差し止め**を認めるなどして、**その地位に重大な変更が生じることになる株主の利益を保護しています。**

▶ M&Aの様々な方法【図表1】

①株主から株式を譲り受ける

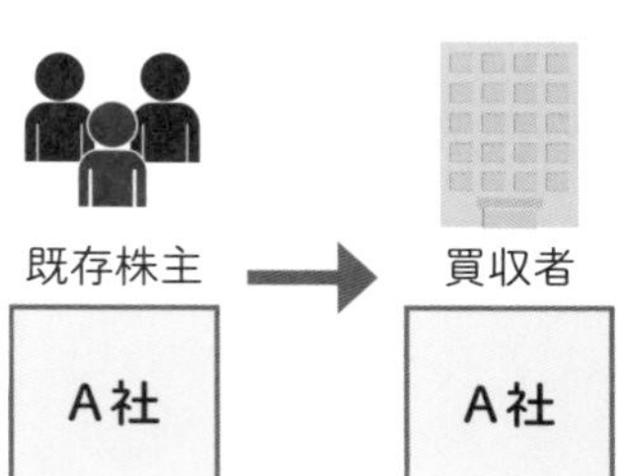

既存株主から株式の譲渡を受け、買収者がA社の支配株主になる

②特定の事業を譲り受ける

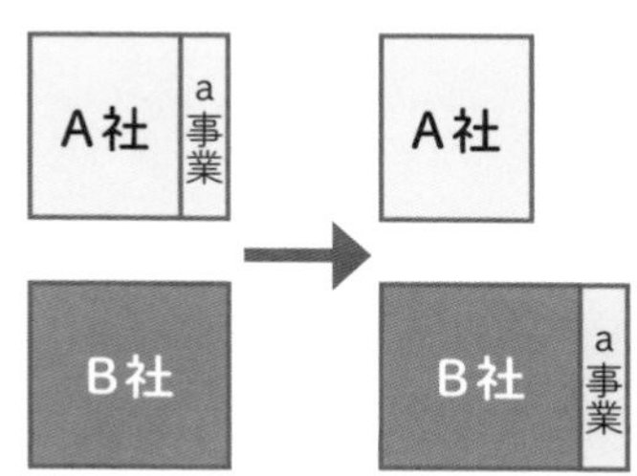

A社の特定の事業をB社が譲り受ける

③会社全体を取得する（吸収合併の例）

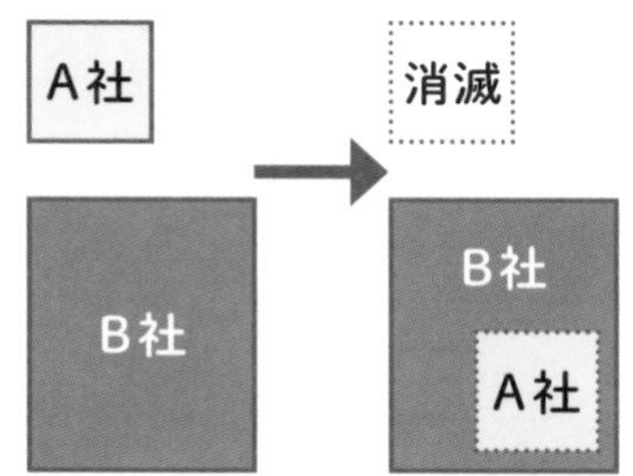

B社がA社を丸ごと取得し、A社は消滅する（吸収合併の場合）

④親子会社関係を作る（株式対価の株式交換の例）

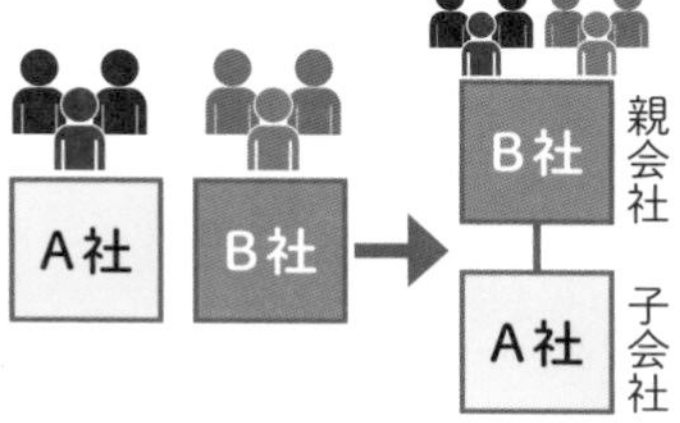

B社がA社の既存株主から株式を取得しA社の親会社になる。A社の既存株主は対価としてB社株式を取得する（株式対価の株式交換の場合）

まとめ

- □ M&Aは企業再編等の総称であり、様々な手法がある
- □ M&Aは、事業分野・規模の拡大、不採算事業からの撤退、事業承継等の様々な目的で行われる
- □ M&Aに伴い株主の地位に重大な変更が生じることから、会社法は、株主の利益を保護するための仕組みを用意している

デュー・ディリジェンス 対象会社の調査

企業買収のプロセスとデュー・ディリジェンス

M&Aは、たとえば、①まず、買収者と被買収者との間で企業買収の方針等についての基本合意を締結し、②その後、買収者による対象会社の調査（**デュー・ディリジェンス（DD）**）を実施し、③DDの結果を踏まえ交渉した上で最終契約を締結し、④企業買収を実行する（実務上、**クロージング**と呼ばれます）といったプロセスを経て行われます。

デュー・ディリジェンスと最終契約

実務上、買収者は、対象会社が抱えるリスクを把握・回避するために、デュー・ディリジェンス（DD）を行うことが一般的です。公認会計士や弁護士等の外部専門家に依頼し、ビジネスDD、財務・税務DD、法務DDなどを行います。DDで判明したリスクは、対価の算定に織り込まれたり、当該リスクの解決をクロージングの前提条件としたりするなどして、最終契約の内容に織り込まれます。

もっとも、DDは、一定期間の外部からの調査にすぎず、買収者が対象会社のすべてのリスクを把握することは困難です。そこで、実務上、最終契約では、大株主等が買収者に対して、対象会社に関する一定の事実（たとえば、対象会社の経営等に重大な悪影響を及ぼす事象が発生していないこと）が真実であることを表明・保証し（**表明・保証条項**）、その違反によって買収者が損害を被った場合にはその損害を補償する（**補償条項**）という内容が規定されることが一般的です。

法務DDの視点【図表1】

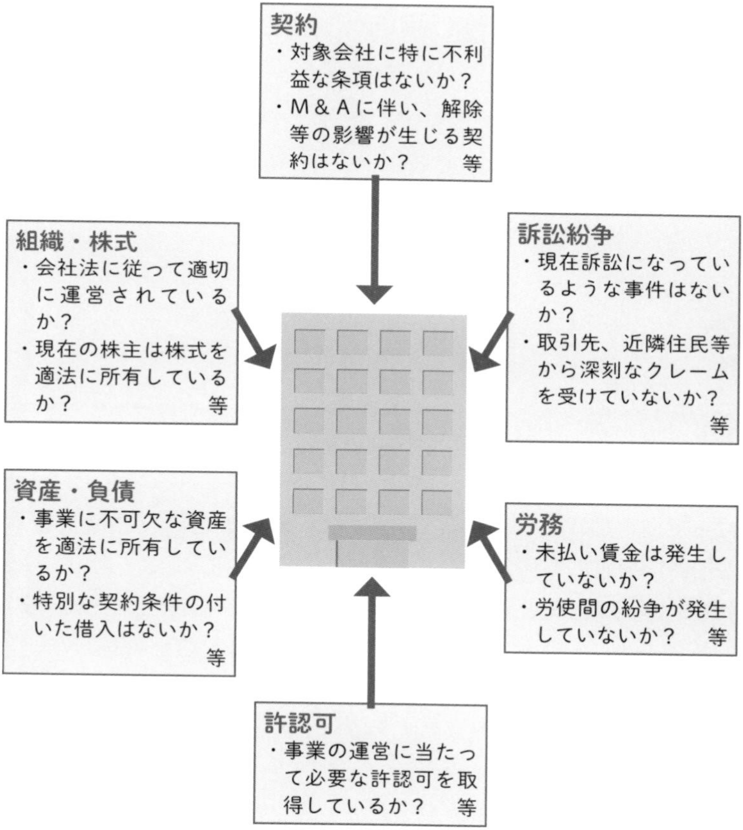

契約
・対象会社に特に不利益な条項はないか？
・M＆Aに伴い、解除等の影響が生じる契約はないか？　等

組織・株式
・会社法に従って適切に運営されているか？
・現在の株主は株式を適法に所有しているか？　等

訴訟紛争
・現在訴訟になっているような事件はないか？
・取引先、近隣住民等から深刻なクレームを受けていないか？　等

資産・負債
・事業に不可欠な資産を適法に所有しているか？
・特別な契約条件の付いた借入はないか？　等

労務
・未払い賃金は発生していないか？
・労使間の紛争が発生していないか？　等

許認可
・事業の運営に当たって必要な許認可を取得しているか？　等

Part 6 M＆A

まとめ

- □ **M＆Aは、基本合意の締結、DDの実施、最終契約の締結、クロージングといったプロセスを経て行われる**
- □ **DD（デュー・ディリジェンス）の結果は最終契約の内容に織り込まれる。DDで把握できないリスクにも対処するため、最終契約では、表明・保証条項や補償条項が規定されることが多い**

株式譲渡・公開買付け（TOB）

株式譲渡

株式の取得によって会社を買収するもっともシンプルな方法は、既存株主との間の売買によって**株式譲渡**（P.142）を受けるという方法です。この際に、既存株主との間で締結する**株式譲渡契約は、SPA**（Stock Purchase Agreement）とも呼ばれます。

公開買付け（TOB）

公開買付け（TOB：Takeover Bid）は、上場会社を買収する場合によく使われる制度です。この制度は、**買収者（公開買付者）が買収したい会社の不特定多数の株主に対して、事前に条件（価格・株式数・期間等）等を公告し、売却を希望する株主から、株式市場外で株式を買い付けるという制度**であり、金商法に定められています。

上場企業の株式は取引所市場での取引によって取得することができますが、短期間で大量の株式を取得する場合には株価が高騰してしまうという難点があります。そこで、買収を行う場合など大量の株式を取得する場合には、取引所市場外での取得が検討されることとなります。金商法は、この**取引所市場外での株式の取得のうち、多くの株主に影響を与えるような類型（5%ルール・3分の1ルール）の株式取得**については、適切な情報開示をさせ、公平な売却の機会を提供することなどを図るために、**公開買付けの方法によることを強制**しています金商27の2。

TOB（公開買付け）の流れ【図表1】

① 公開買付の開始（公開買付開始公告、公開買付届出書提出）
公開買付者が公開買付の条件等の情報を開示し、売却を勧誘する

▼

② 対象会社の意見表明（意見表明報告書提出、意見表明プレス）
対象会社が公開買付に賛同するか否かについて意見を表明

▼

③ 買付期間　原則20営業日から60営業日まで
株主が買付けに応募するかを検討する期間

▼

④ 買付期間の終了
公開買付者が公開買付の条件に従い応募株主から株式を買い取る※

※買い付ける株数について下限が設定されている場合、その下限を下回る数の応募しかなかったときは、公開買付けは行われない。

TOB（公開買付け）が強制される場合【図表2】

5%ルール→取得株が5%を超えることになる場合
買付後の株券等所有割合が5％を超える場合、公開買付けが必要
ただし、60日間で10名以下の者から買い付ける場合（＝特定買付け等）、その必要はない 金商27の2Ⅰ①

3分の1ルール→取得株が3分の1を越えることになる場合
特定買付け等の場合であっても、買付後の買付者の株券等所有割合が3分の1を越える場合には公開買付けが必要
金商27の2Ⅰ②

→ **TOB**
・適切な情報開示
・公正な売却機会

まとめ
□株式譲渡によって会社を買収することができる
□上場会社を買収する場合にはTOBが使われることが多い。TOBは、条件等を公告した上で売却を希望する株主から株式市場外で株式を買い付ける制度であり、一定の場合にはTOBが強制されている

事業譲渡・会社分割

事業譲渡

事業譲渡会467**とは、ある会社が会社の一部または全部の事業を他に譲り渡すこと**をいいます。

事業譲渡の対価は自由です。また、事業譲渡は、「事業」というまとまり（資産、商品、取引先、ノウハウ、従業員等、事業のために必要となるもの）を対象とする点で特殊ですが、**実質は通常の売買契約が集合したものと変わりません**。そのため、事業譲渡の対象となる**債権者（たとえば取引先）等からは個別に同意を取得する**必要がありますし、従業員を譲り受ける場合には譲受会社において**個別に従業員の同意を得る必要があります。**

会社分割

会社分割とは、会社の一部または全部の事業を一括して他に承継させることをいいます。

会社分割には、既存会社に事業を承継させる**吸収分割**会2㉙と、新会社を設立して事業を承継させる**新設分割**会2㉘の2種類の方法があります。吸収分割の場合、対価は自由ですが、新設分割の場合の**対価は新設会社の株式**と決められています。また、会社分割では、事業譲渡とは異なり、対象**事業の権利義務が一括して承継される**ことになっています。そのため、この承継に際して、**取引先や従業員等から個別に同意を取得する必要はなく**、別途、債権者保護や労働者保護の手続が設けられています。

▶ 事業譲渡【図表1】

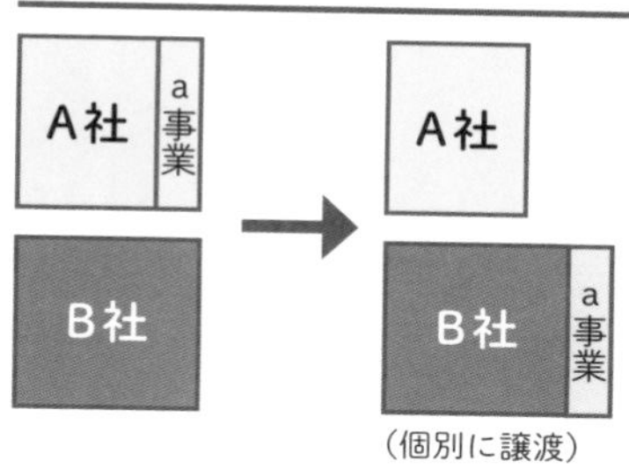

（個別に譲渡）

- 事業のうち譲渡するものの売買契約の集合体
- 原則株主総会特別決議が必要
- 譲渡対象となる債権者・従業員から個別に同意を得る必要がある

▶ 会社分割【図表2】

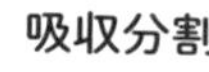

吸収分割

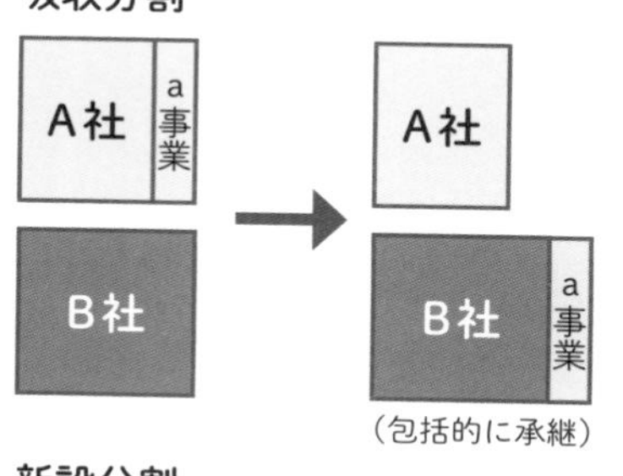

（包括的に承継）

- 事業の権利義務を一括して承継
- 原則株主総会特別決議が必要
- 対価は自由
- 債権者・従業員の個別の同意を得る必要はないが、債権者保護手続・労働者保護手続がある

新設分割

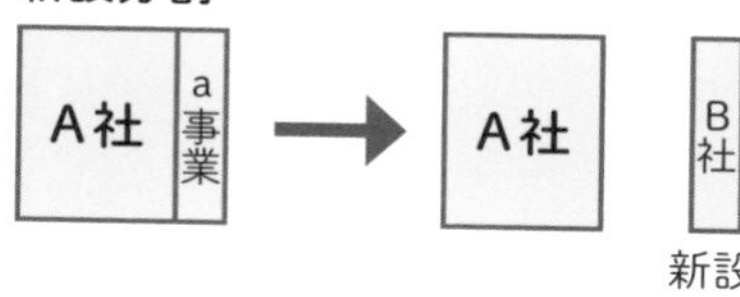

- 事業の権利義務を一括して承継
- 原則株主総会特別決議が必要
- 対価は新設会社株式
- 債権者・従業員の個別の同意を得る必要はないが、債権者保護手続・労働者保護手続がある

まとめ

- □事業譲渡・会社分割はいずれも事業を取得する際に用いられる手法である
- □事業譲渡では、譲渡の対象を選択することが可能である反面、対象となる事業の取引先等から個別に同意を得る必要がある。会社分割では、対象となる事業のすべての権利義務が包括的に承継され、対象となる事業の取引先等から個別に同意を得る必要はない

合併

合併

合併とは、2つ以上の会社が1つの会社になることをいいます。事業譲渡・会社分割（P.148）は事業を取得する手法ですが、合併は**会社全体をそのまま取得する**手法です。

合併には、① 合併をする会社のうち1社（**存続会社**）が存続し、消滅する他の会社（**消滅会社**）の権利義務の一切を承継する**吸収合併**会2㉗と、② 合併をする会社（**消滅会社**）が消滅しその権利義務の一切を**新設会社**が承継する**新設合併**会2㉘とがあります。

新設合併は登録免許税（吸収合併では資本金増加額にかかるだけなのに対し、新設合併では新設会社の資本金全額にかかる）や手続（上場会社同士の合併でも、新設会社は再度上場の手続が必要など）の負担が重いため、ほとんど使われていません。

合併では、消滅会社のすべての権利義務が包括的に存続会社に承継されます。事業譲渡のように譲り受ける対象を選択することはできません。また、この承継に際して、**債権者等から個別に同意を取得する必要はなく、別途債権者保護手続きが設けられています。**

消滅会社の株主に交付される合併対価については特に限定はありません。かつては存続会社の株式に限定されていましたが、現在は、存続会社の社債や新株予約権、金銭その他の財産を合併対価として交付することができることとされています。

存続会社に親会社があるときにその親会社株式を合併の対価とすることも可能であり、このような合併を**三角合併**と呼びます。この場合、消滅会社の株主は存続会社の親会社の株主となります。

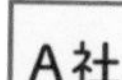

合併【図表1】

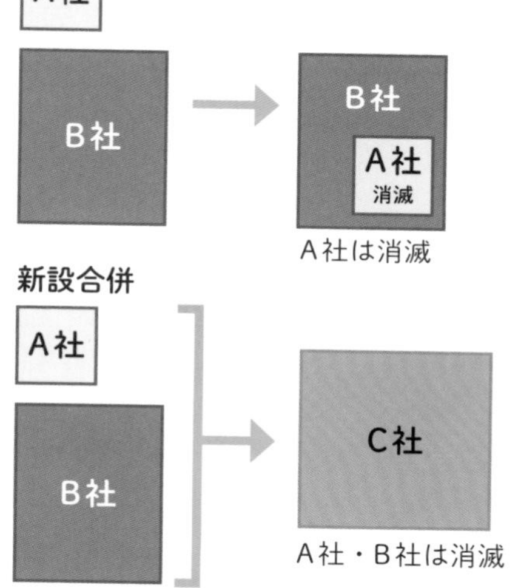

- 2つ以上の会社が1つになる
- 原則株主総会の特別決議が必要
- 対価は自由
- 債権者の個別の同意を得る必要はないが、債権者保護手続きがある

三角合併【図表2】

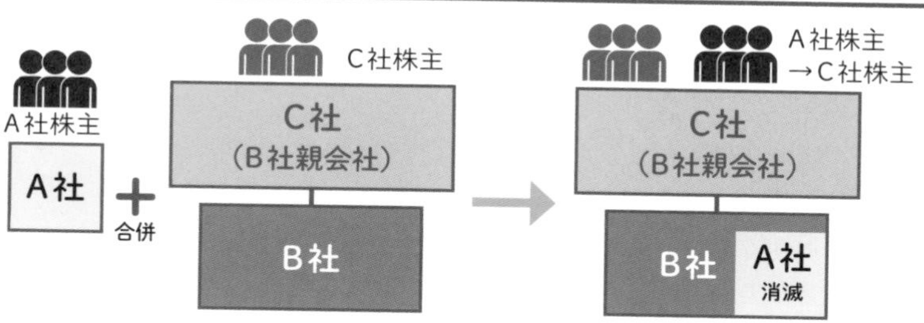

まとめ

- □合併は、M&Aの手法の1つで、会社全体をそのまま取得する場合に用いられる。吸収合併と新設合併とが存在するが、実務上は吸収合併が多い
- □合併では、消滅会社のすべての権利義務が包括的に承継される。消滅会社の取引先等から個別に同意を得る必要はない

Part 6 M&A

株式交換・株式移転・株式交付

株式交換・株式交付

株式交換会2㉛は、ある会社（**株式交換完全子会社**）がその株式の全部を他の会社（**株式交換完全親会社**）に取得させることをいい、**ある会社を他の会社の100%子会社にする場合**に使われる手続です。法人格に影響はなく、権利義務の承継の問題は生じません。また、株式交換完全子会社の株主には株式交換の対価として株式交換完全親会社の株式が交付されることが多いですが、対価の種類は株式交換完全親会社の株式に限定されていません。

令和元年会社法改正によって、完全子会社化を予定していない場合でも、対象会社の株主に自社の株式等を交付することによって対象会社を子会社化できる**株式交付**会2㉜の2も可能となりました。株式交付は、**ある会社が他の会社を100%に至らない子会社にする場合**に使われる手続です。

株式移転

株式移転会2㉜は、1または2以上の会社（**株式移転完全子会社**）がその発行済株式の全部を新たに設立する株式会社（**株式移転設立完全親会社**）に取得させることをいい、**新たに100%親会社を作る場合**に使われる手続です。株式交換同様、権利義務の承継の問題は生じません。また、株式移転完全子会社の株主は株式移転の対価として株式移転設立完全親会社の株式を取得することとなります。2以上の会社による株式移転は**共同株式移転**とも呼ばれ、持株会社設立による経営統合等に使われます。

株式交換【図表1】

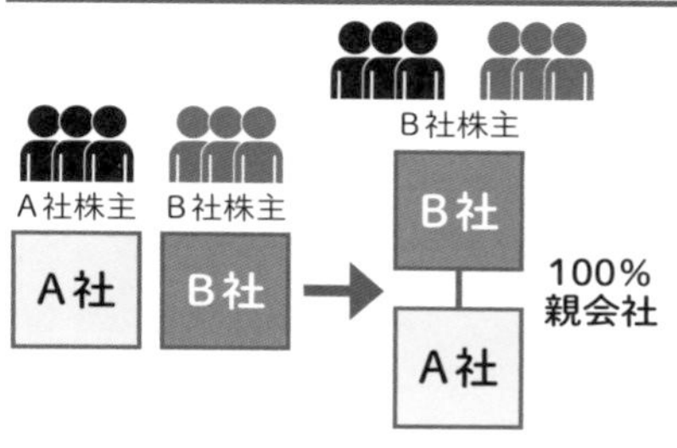

- A社を完全子会社にする手法
- 原則株主総会特別決議が必要
- 対価は自由
- 対価を株式とした場合には株式交換完全子会社の株主は、株式交換完全親会社の株主になる

株式交付【図表2】

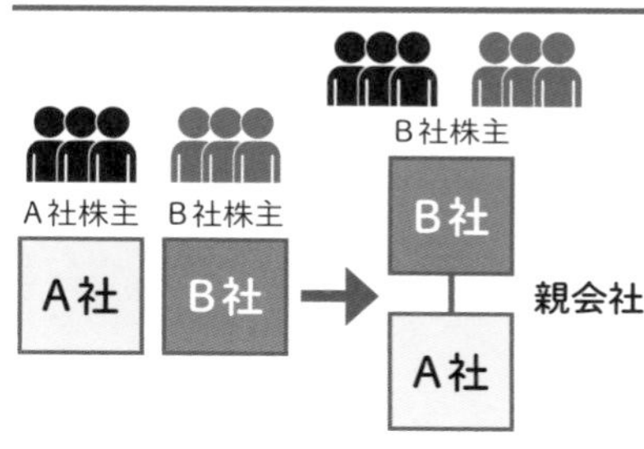

- A社を子会社にする手法
- 原則株主総会特別決議が必要
- 少なくとも対価の一部は株式
- 株式交付子会社の株主は、株式交付親会社の株主になる

株式移転【図表3】

共同株式移転の場合

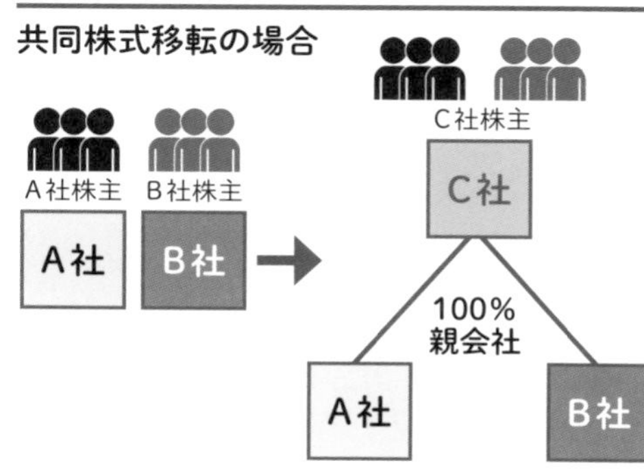

- 新たに親会社を作る手法
- 原則株主総会特別決議が必要
- 対価は株式移転設立完全親会社（C社）の株式
- 株式移転完全子会社（A社・B社）の株主は株式移転設立完全親会社（C社）の株主になる

まとめ

□株式交換は100%子会社を作る手続、株式交付は100%には至らない子会社を作る手続、株式移転は新たに100%親会社を作る手続である。いずれも法人格に影響がないため、権利義務の承継の問題は生じない

Part 6 M&A

組織再編の手続

各組織再編に共通する手続

前項までの組織再編（会社分割、合併、株式交換・株式移転・株式交付）については、会社法に手続が定められており、その概要は共通しています【図表1】。

組織再編は会社の基礎に影響する行為であるため、**原則、株主総会特別決議による承認が必要**とされています【図表1③】。ただし、一部の類型の組織再編については（【図表2】**簡易組織再編・略式組織再編**）、**株主総会特別決議による承認は不要**とされています。

また、株主の利益を保護するために、株主には、組織再編をやめることを請求する権利（**差止請求**）や保有株式を公正価格で買取るよう請求できる権利（**反対株主の株式買取請求権**）が認められています【図表1④-1・2】。さらに、組織再編によって、債務者が変更されたり、債務者の財務状態が変わったりする等の影響を受ける債権者の利益を保護するために、債権者には組織再編について異議を述べることが認められています（**債権者異議手続**。【図表1⑤】）。異議の効果は組織再編により異なりますが、たとえば、弁済又は担保の提供を受けたり、債務者が変更する場合には元の債務者であった会社に対しても債務の履行を請求できたりする効果があります。

以上のように、組織再編は、当事会社の利害関係者に相当の影響を生じさせるため、当事会社には情報開示が義務付けられており、当事会社は、組織再編の事前・事後それぞれに会社法に規定された事項を記載した書面等を本店に備え置き、利害関係者の閲覧に供することが求められています（【図表1②⑦】。**事前開示・事後開示**）。

組織再編の手続の概要【図表1】

① **組織再編契約の締結または組織再編計画の作成**
（組織再編の条件等について合意し、または、計画で定める）
② **事前開示**
（会社法に定められた事項を記載した書面を本店に備え置く）
③ **株主総会特別決議**
④-1 **差止請求**
（組織再編に法令等の違反がある場合、不利益を受けるおそれがある株主は当該組織再編をやめることを請求できる）
④-2 **反対株主の株式買取請求**
（反対株主は株式の買取りを請求できる）
⑤ **債権者異議手続**（債権者は組織再編について異議を述べられる）
⑥ **組織再編の効力発生**
⑦ **事後開示**
（会社法に定められた事項を記載した書面等を本店に備え置く）

株主総会の承認が不要とされる場合【図表2】

①簡易組織再編
当事会社の規模に比べて組織再編の規模が小さい場合（たとえば、対価額が存続会社の純資産額の20%以下である場合等）には、株主の利益に与える影響が小さいため、株主総会の承認は不要
②略式組織再編
一方の当事会社が他方の当事会社の議決権の90%以上を保有している場合には株主総会の結果が明らかであるため、株主総会の承認は不要

まとめ
- □組織再編を行う場合には、原則、株主総会の特別決議による承認が必要である。ただし、不要となる場合もある
- □組織再編は、当事会社の関係者に影響を生じさせるため、その利益を保護するために各種の手続が法定されている

MBO・スクイーズアウト

MBO

取締役等の経営陣がその会社を買収することを**MBO**（マネジメントバイアウト）といいます。近年は、上場会社の経営陣が長期的視点に基づく経営戦略や大胆な構造改革等を実施するために非上場化を目的としてMBOが行われることが増えています。

非上場化を目的とするMBOは、①経営陣が金銭を対価とした**公開買付け**（TOB）によって株式を買い集め、②**スクイーズアウト**によって残りの株式を全部取得するという二段階の手続（**二段階買収**）によってなされることが実務上多くなっています。

MBOは、会社をよく知る経営陣が一般株主のために会社を売却する立場と買収者を兼ねることから、構造的な利益相反の問題や情報の非対称性の問題があり、一般株主に不利な取引がなされる懸念があると指摘されています。このような懸念を払拭するために公正性担保措置をとる実務が定着しています（P.160）。

スクイーズアウト

スクイーズアウトとは、金銭や株式を交付することによって少数株主の株式を強制的に取得する方法のことであり、そのうち、金銭を交付するものを**キャッシュアウト**ともいいます。スクイーズアウトは、MBOのように二段階買収による対象会社の完全子会社化にも用いられます。上場会社のように多数の株主がいる場合、全株主と個別に合意し、株式を買取ることは事実上困難であるため、強制的に株式を取得するスクイーズアウトのニーズがあります。

二段階買収の流れ【図表1】

【第一段階目】

公開買付け（TOB）

応募者から株式を買い付けて持株割合を増やす

【第二段階目】

スクイーズアウト

TOBに応じなかった少数株主からも強制的に株式を取得

完全子会社化

主なスクイーズアウトの手法【図表2】

手法	概要
① 特別支配株主の株式等売渡請求	対象会社の議決権の90％以上を保有する場合、少数株主に対し株式の譲渡を請求できる。 対象会社の取締役会の承認が必要
② 株式併合	株式併合によって少数株主を1株未満の株主とし、端数処理を通じて株式を強制取得する方法。 対象会社の株主総会特別決議が必要
③ 株式交換	株式交換によって買収者の株式等を対価として対象会社の株式を強制取得。 対象会社の株主総会特別決議が必要

まとめ

- ☐ 経営陣が会社を買収することをMBOといい、近年は、上場会社の経営陣によって非上場化を目的として行われることが多い。
- ☐ 非上場化を目的としたMBOは、TOB＋スクイーズアウトという二段階買収の方法によってなされることが多い

敵対的買収とその防衛策

敵対的買収

ほとんどの買収は対象会社の取締役会の同意を得て行われます（**友好的買収**）が、中には、買収者が対象会社の取締役の同意を得ずに買収が行われる（**敵対的買収**）こともあります。敵対的買収は、既存株主との合意で行うことができる株式譲渡・TOBの方法により行われます。

防衛策

敵対的買収に対する防衛策については、**経営陣の保身を目的として行うことは許されない**と解されますが、**敵対的買収が対象会社の企業価値・株主共同の利益を損なうような場合には許される場合もある**という考え方が有力です（なお、買収提案があった場合の行動指針については、P.160）。特定の買収者が現われた後（**有事**）に導入される防衛策の例としては、大規模な**第三者割当てによる新株発行**により買収者の持株比率を希釈化させる方法があり、裁判例は主要な目的が資金調達である場合にはその適法性を認める傾向にあります（**主要目的ルール**）。特定の買収者が現れる前（**平時**）に導入される防衛策の例としては、平時に買収への対応方針を定め、それに基づく対抗措置として差別的な内容の新株予約権無償割当てを定める方法（**事前警告型買収防衛策**）が一般的であり、それに基づく対抗措置の発動を適法と認めた裁判例もあります。また、重要事項につき拒否権を有する種類株式（**黄金株**）を発行する等して、買収者に買収を躊躇させる方法等もあります。

▶ 一般的な事前警告型買収防衛策の概要【図表1】

平時に右記概要の対応方針を株主総会決議で導入

① 買収者の定義：買付け後の議決権割合が20％となる買付け等を行うとする者等

② 買収者が遵守すべきルール：**十分な情報提供**と**十分な検討期間**（60日や90日等）の確保

③ 買収者が上記ルールを遵守しない場合や買収提案が対象会社の企業価値・株主共同の利益を著しく毀損するおそれがある場合等には対抗措置を講じることがある

④ 対抗措置の発動・不発動等は取締役会が**特別委員会**（独立した社外役員や有識者で構成）の答申を尊重して判断。株主総会決議を経る場合あり

⑤ 対抗措置としては、**差別的な内容**（買収者は行使できない等）**の新株予約権無償割当て**（新株予約権を割当時の全株主に無償で交付）

⑥ 有効期間（2～3年）、取締役会で廃止可

有事の手続の流れ

① 買収者から取締役会に意向表明書の提出

▼

② 取締役会から買収者に必要情報リストの提出

③ 買収者から取締役会に必要情報の提供

④ 取締役会から特別委員会に諮問・特別委員会から取締役会に答申

▼

⑤ 取締役会による対抗措置の発動・不発動等の判断

⑥ 必要に応じて株主総会の決議

⑦ 対抗措置の発動・不発動

まとめ

□ **敵対的買収に対する防衛策については、敵対的買収が対象会社の企業価値・株主共同の利益を損なうような場合には許される場合もあると考えられる**

▶ Column

M&Aに関する2つの指針

○「公正なM&Aの在り方に関する指針」

M＆Aには重要な2つの指針があります。経済産業省（経産省）の2019年6月28日付「公正なM&Aの在り方に関する指針」がその1つです。同指針は、MBOや支配株主（親会社）による従属会社（子会社）の買収においては、買収者である取締役・支配株主と一般株主との間に構造的な利益相反や情報格差（情報の非対称性）の問題があることから、企業価値の向上（第1原則）と公正な手続を通じた一般株主の利益確保（第2原則）を行うことが重要であり、特別委員会の設置、外部専門家の専門的助言等の取得、情報開示等の公正性担保措置を講じることが望ましいとしており、実務上もこれらの取引において参照されています。

○「企業買収における行動指針」

もう1つの指針として経産省の2023年8月31日付「企業買収における行動指針」があります。同指針は、上場会社の経営支配権を取得する買収は、①企業価値・株主共同の利益の原則（望ましい買収か否かは企業価値・株主共同の利益を確保・向上させるものかを基準に判断されるべきとの原則）、②株主意思の原則（会社の経営支配に関わる事項については株主の合理的な意思に依拠すべきとの原則）、③透明性の原則（株主の判断のために有益な情報が買収者と対象会社から適切かつ積極的に提供されるべきとの原則）が尊重されるべきとして、買収提案を巡る取締役・取締役会の行動規範（取締役会への付議・報告・検討・決定、特別委員会による公正性の担保等）や買収に関する透明性の向上（情報開示・検討時間の提供）、買収への対応方針・対抗措置に関する考え方（株主意思の尊重、必要性・相当性の確保等）等を提示しており、今後の実務に大きな影響を与えるものと思われます。

Companies Act

Part 7

解散・清算・その他

会社の消滅手続と訴訟や罰則等

解散･清算

会社を消滅させるための手続

会社は、「**解散**」と「**清算**」によって消滅します。

解散は、**会社の法人格**（団体が権利義務の主体となるための資格）**の消滅を生じさせる原因となる事由**をいいます。解散の事由【図表1】が生じた場合、④**合併**（P152）**と**⑤**破産の場合を除き、清算の手続が開始し**会475①、その完了（結了）をもって**法人格が消滅**します会473。④合併の場合、**合併の効力発生とともに消滅会社の法人格は直ちに消滅**します。また、⑤破産手続の開始が決定された場合には、清算ではなく**破産手続という特別な手続が開始**され、その完了をもって法人格が消滅します。

清算は、**解散した会社の法律関係の後始末をする手続**をいい、**通常清算**と**特別清算**があります。通常清算が開始すると株主総会や監査役は存続しますが、**取締役は地位を失い**、**清算人**が清算事務を行います。具体的には、①会社の財産状況を調査して財産目録等を作成し会492Ⅰ、②解散時点で継続中の業務・取引関係を終了させ（現務の結了、会481①）、③弁済期にある債権を取り立て、④金銭以外の財産を換価の上、⑤債務を弁済した後会481②、⑥**残余財産を株主に分配**すると会481③、⑦清算が結了し、法人格が消滅します。

特別清算は、**清算の遂行に著しい支障を来す事情がある場合**又は**債務超過の疑いがある場合**会510に行われる特別の清算手続で、**倒産手続の一種**です。特別清算でも清算事務は清算人が行いますが、**裁判所の監督**を受け会519Ⅰ、また、債権者集会の多数決で定め、裁判所が許可した「**協定**」に則る必要があります会563以下。

解散の事由と法人格消滅（会社消滅）までの流れ【図表1】

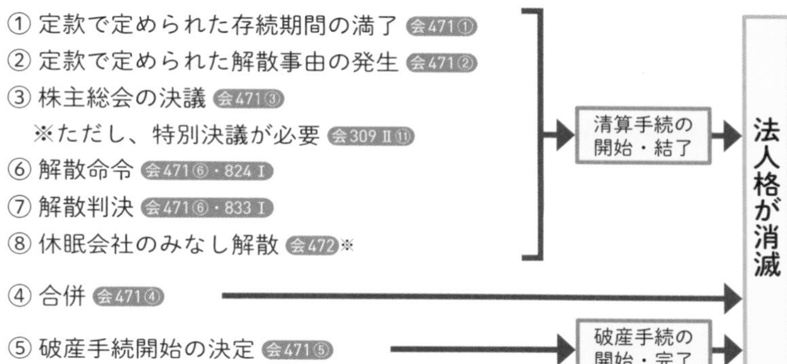

※休眠会社のみなし解散とは、12年間一度も登記をしていない会社（休眠会社）が、事業を廃止していないことの届出をする旨の官報公告と登記所の通知を、公告日から2ヶ月間放置すると解散したとみなされる制度

清算事務【図表2】

	項目	詳細	担当者
1	財産状況の調査	会社の財務状況を調査して財産目録・貸借対照表等を作成し、株主総会の承認を受けた後 会492・494・497、本店に備置する 会496	清算人
2	現務の結了	解散時点で継続中の業務及び取引関係を終了させる 会481①	
3	債権の取立て	弁済期にある債権を取り立てる 会481②	
4	財産の換価	債務の弁済・残余財産の分配のため、財産を換価する	
5	債務の弁済	債権申出期間 会499 内に申し出のあった債権を弁済する	
6	残余財産の分配	債務の弁済後に残った財産を株主に分配する 会481③、504	
7	清算の結了	清算手続が終了し、法人格が消滅する	

まとめ

- □解散と清算は、会社を消滅させるための手続
- □解散の事由が発生すると、合併と破産の場合を除き、清算の手続が開始し、その完了をもって会社が消滅する
- □清算には通常清算と特別清算があるが、どちらの場合も清算事務は清算人が行う

会社訴訟と会社非訟

▶会社法上の裁判手続には、様々な類型がある

裁判手続は、**訴訟**と**非訟**に分類されます。訴訟は、裁判所が法律上の権利義務の存否を確定させることにより、紛争を解決する手続であるのに対し、非訟は、訴訟以外の裁判手続であり、裁判所が権利義務の存否を確定せずに、合理的な裁量により事件を処理する手続をいいます。訴訟と非訟では手続上のルールが異なります。

会社法上の訴訟（会社訴訟）は、第７編第２章会828～867に規定されており、代表例としては、①**会社の組織に関する訴え**会828～846や②**株主代表訴訟**（P.94、会847～853）が挙げられます。

①は、会社の設立、新株・新株予約権の発行、株主総会決議、組織再編等、会社による一定の組織行為に法令・定款違反（瑕疵）があった場合に、その組織行為の効力を争う訴訟であり、**取消訴訟**、**無効確認訴訟**、**不存在確認訴訟**といった類型があります【図表1】。

②株主代表訴訟が提起できる訴訟には、**役員の任務懈怠責任等の責任を追及する訴訟**、**利益供与を受けた者に利益の返還を求める訴訟**、**新株発行時等に払込みを仮装した者に出資の履行を求める訴訟**等があります。

これに対し、会社法上の非訟（会社非訟）は会社法上のあちこちに規定されており、主なものとしては、**株式売買価格決定申立て**等があります【図表2】。特に紛争性が強い会社非訟については審問期日（裁判官が関係者から陳述を聴取する期日）の開催が必要的とされる会870Ⅱ等、慎重な手続が定められています。

会社の組織に関する訴えの対象と類型【図表1】

	取消訴訟 組織行為に比較的軽微な瑕疵がある場合に、その効力を争う	無効確認訴訟 組織行為に重大な瑕疵がある場合に、その効力を争う	不存在確認訴訟 組織行為が物理的に存在しない場合と瑕疵が著しいため法的に存在したと評価できない場合に、不存在を確定する
会社の設立	会832 ※持分会社のみ	会828 I ①	–
新株発行	–	会828 I ②	会829①
自己株式の処分	–	会828 I ③	会829②
新株予約権の発行	–	会828 I ④	会829③
株主総会決議	会831	会830 II	会830 I
資本金の額の減少	–	会828 I ⑤	–
組織変更	–	会828 I ⑥	–
組織再編	–	会828 I ⑦〜⑬	–

※上記表中の訴訟以外に、会833に会社の解散を求める訴えが規定されている

主な会社非訟【図表2】

株式	株式売買価格決定申立て会144 II等 所在不明株主の株式売却許可申立て会197 II 端数株式会社任意売却許可申立て会234 II等
株主総会	少数株主の株主総会招集許可申立て会297 IV 総会検査役選任申立て会306
一時役員等選任	一時役員等選任申立て会346 II等
取締役会議事録	取締役会議事録等閲覧謄写等許可申立て会371 II
社債	社債権者集会決議認可申立て会732
清算	清算人選任申立て会478 II等 債務弁済許可申立て会500 II等 帳簿資料保存者選任申立て会508 II等

まとめ

- □会社訴訟には会社組織に関する訴えや株主代表訴訟がある
- □会社非訟には、株式売買価格決定申立て等がある

会社の登記

会社に関する基本的な情報を公示ための制度

会社法上の登記は、**会社に関する基本的な情報を公示**することにより、一般公衆による会社への信用を維持し、取引の安全性と円滑性を保護する制度です。会社法上登記すべきとされている事項（**登記事項**【図表1】）は、原則として、**一定期間内に会社が申請**することにより、商業登記法の定めに従って、**会社の本店所在地を管轄する登記所の商業登記簿に記載・記録**され、登記されます。

会社法上の登記は、①**消極的効力**と②**積極的効力**を持ちます。①消極的効力とは、**登記事項が登記された後でないと、会社が善意の第三者に対して対抗できない**（登記される前は、会社は登記すべき事実の存在を知らない第三者に対して、その事実の存在を主張できない）という効力のことです会908Ⅰ前段。これに対し、②積極的効力は、**登記の後は、第三者が「正当な事由」によって登記を知らなかった場合でない限り、会社がその第三者に対抗できる**という効力です会908Ⅰ後段。「正当な事由」について、判例は、交通・通信の断絶や登記簿の滅失等の**客観的な障碍によって登記を閲覧し得ない場合**をいうとする見解を採用していると理解されています。

なお、登記を信じた人を保護するため、**故意又は過失により不実の登記（現実とは異なる登記）をした者は、登記事項が不実であることを善意の第三者に対抗できない**とされています会908Ⅱ。

誰でも、登記事項が記載された書面（**登記事項証明書**）を取得でき、インターネット上の**登記情報提供サービス**（https://www1.touki.or.jp/）での取得も可能です。

会社法上の登記事項（国内の会社の場合）【図表1】

	登記すべき場合
1	会社の設立 会911～914
2	設立時の登記事項の変更 会915
3	本店の他の登記所の管轄区域内への移転 会916
4	役員等の職務執行停止の仮処分等 会917
5	支配人の選任・代理権の消滅 会918
6	持分会社の種類の変更 会919
7	組織変更 会920
8	吸収合併 会921
9	新設合併 会922
10	吸収分割 会923
11	新設分割 会924
12	株式移転 会925
13	解散 会926
14	解散結了までの間の会社継続の決定 会927
15	清算人の就任 会928
16	清算結了 会929

株式会社が登記すべき事項（会911Ⅲ各号の抜粋）
① 目的
② 商号
③ 本店・支店の所在地
④ 資本金の額
⑤ 発行可能株式総数
⑥ 資本金の額
⑦ 発行株式の内容（種類株式発行会社の場合は、発行可能種類株式総数及び各種類株式の内容）
⑧ 発行可能株式総数
⑨ 単元株式制度を採用する場合は単元株式数
⑩ 発行済株式総数とその種類、種類ごとの数
⑪ 株券発行会社である場合はその旨
⑫ 取締役・代表取締役・監査役・会計参与・会計設置人の氏名等
⑬ 役員の責任免除に関する定款の定めがある場合はその定め
⑭ 非業務執行取締役等の責任限定契約の締結に関する定款の定めがある場合はその定め
⑮ 公告の方法

まとめ

- □登記事項が発生又は変更された場合、会社は一定期間内に登記申請をする必要がある
- □会社法上の登記には、消極的効力と積極的効力がある

罰則　特別背任等

会社の影響力の大きさから、会社法上の罰則が定められている

株主有限責任の原則（P26）により、株主は会社債権者に対して全く責任を負わないため、会社財産を保全するために厳格な規制が必要になることや、今日において会社が社会・経済に与える影響が非常に大きいことから、会社の適正な運営の確保を目的とする会社法には、株主や役員等に対する罰則会960～979が規定されています。

会社法上の罰則には、**刑事処分**（犯罪）(【図表1】1～10）と**行政処分**（【図表1】11）がありますが、両者の間には前科が残るか否か、懲役・禁錮という身体拘束を伴う罰則があるか否かという差異があります。

会社法上の刑事処分の代表例は、**特別背任罪**（【図表1】1）です。特別背任罪とは、役員等が任務違背によって会社に財産的損害を与える行為を罰する罪であり、**10年以下の懲役又は1千万円以下の罰金**が科され、また両方の刑罰が科されること（併科）もあります。

特別背任罪が成立するための要件は、①行為者が発起人や役員等の会社法**960条又は961条に規定する主体**であること、②**任務違背行為**をしたこと、③自己若しくは第三者の利益を図り又は株式会社に損害を加える目的（**図利加害目的**）があったこと、④**会社に財産上の損害を加えたこと**のすべてに該当することが必要です。②任務違背行為は、**誠実な事務処理者としてなすべきと法的に期待されるところに反する行為**であり、法令・予算・通達・定款・内規・契約等に反する行為（**コンプライアンス違反行為**）であれば、原則的に任務違背行為に当たると理解されています。

会社法上の罰則一覧【図表1】

	罰則の名称	概要
1	特別背任罪 会960～962	役員等が任務違背によって会社に財産損害を与える行為を罰する罪
2	会社財産を危うくする罪 会963	①発起人等による設立時発行株式の払込み関する虚偽申述、事実の隠蔽、②役員等による株式の不正取得、違法配当、目的外投機取引を罰する罪
3	虚偽文書行使等の罪 会964	新株発行等に際し、役員等が重要事項について虚偽の記載がある文書を行使する行為を罰する罪
4	預合いの罪 会965	役員等による株式の払込みを仮装するための預合い（払込みを装うため、株式発行に際して払込みを取り扱う金融機関と通謀して行われる仮装行為）を罰する罪
5	株式の超過発行の罪 会966	役員等による発行可能株式総数を超える株式発行を罰する罪
6	取締役等の贈収賄罪 会967	役員等による贈収賄を罰する罪
7	株主等の権利の行使に関する贈収賄罪 会968	株主総会の議決権等の共益権の行使についての贈収賄を罰する罪
8	株主等の権利の行使に関する利益供与の罪 会970	すべての株主権の行使について行われる財産上の利益の供与を罰する罪
9	業務停止命令違反の罪 会973	電子公告調査の業務停止命令違反を罰する罪
10	虚偽届出等の罪 会974	電子公告調査業務の休止・廃止についての虚偽届出等を罰する罪
11	過料に処すべき行為 会976～979	会社法976条から979条までに規定された各行為に対する行政処分（刑事処分（犯罪）ではない）

まとめ

- □会社法上の罰則には、刑事処分と行政処分がある
- □会社法上の刑事処分の代表例として、特別背任罪が挙げられる

外国会社

外国会社とは

外国会社とは、外国の法令に準拠して設立された法人その他の外国の団体で、会社と同種のもの又は会社に類似するものをいいます。会社法では、「**会社**」会2①の語を「外国会社」と明確に区別していますので、外国会社は、「会社」に該当しません。

外国会社は、日本において取引を継続してしようとするときは、**日本における代表者**（日本に住所を有する者を1人以上）を定め会817Ⅰ、外国会社の**登記**をしなければならず会933Ⅰ、その登記をするまでは、日本において取引を継続してすることはできません会818Ⅰ。また、日本における代表者は、外国会社の日本における業務に関する一切の裁判上又は裁判外の行為をする権限を有します会818Ⅱ。近年まで、GoogleやX（旧Twitter）、メタ・プラットフォームズ（Facebook）等の米国のIT事業者が外国会社の登記をしていませんでしたので、これらのIT事業者に対して、誹謗中傷記事についての**発信者情報開示請求**をするためには、米国の登記を取得する必要がありましたが、現在は、東京を住所地とする日本における代表者の登記がされており、これらの手続が容易になりました。

その他、**債権者保護**のため、外国会社は、貸借対照表に相当するものを公告し、日本に住所を有する日本における代表者の全員が退任するときには、官報公告をし、かつ知れている債権者に催告をしなければなりません。また、裁判所は、内国会社の解散命令会824Ⅰとほぼ同じ要件で、外国法人に対し、取引継続の禁止又は営業所閉鎖の命令ができます会827。

▶ 外国会社と内国会社（株式会社）の比較【図表1】

	外国会社	内国会社
設立準拠法（適用される法律）	外国の法令 会2②	日本法 会2①
会社法の適用	「外国会社」に関する規定に限定（その他は外国の法令に従う） 会2①・②	「外国会社」に関する規定を除く全て 会2①・②
設立	外国の法令に従う	登記 会911
営業所	日本に設ける必要ない 会933Ⅰ①	日本に設ける必要あり（本店の所在地） 会27Ⅰ③・911Ⅰ
代表者	日本における代表者 会817Ⅱ	代表取締役 会349Ⅳ
代表者の権限の制限	できる（善意の第三者に対抗できない） 会817Ⅲ	できる（善意の第三者に対抗できない） 会349Ⅴ
代表者の退任時の債権者保護手続	日本に住所を有する者全員が退任するときにはあり（官報公告・催告） 会820	なし
決算公告	貸借対照表の要旨の公告 会819	計算書類の公告 会440

まとめ

- □外国会社は外国の法令に準拠して設立された法人等で、会社法の「会社」には該当しない
- □日本における代表者を定めて外国会社の登記をしなければ取引継続ができない
- □債権者保護のための貸借対照表の要旨の公告等の手続がある

Column

非上場会社の株価算定

○非訟手続により決定される株価

譲渡制限株式の譲渡承認請求が承認されなかった場合等には、当事者で売買価格を協議し会144Ⅰ、その協議が調わないときには裁判所に株式売買価格決定申立てができます会144Ⅱ。裁判所は、会社の資産状態その他一切の事情を考慮して売買価格を決定します会144Ⅲ。

裁判手続において、当事者は、通常、専門家の作成した株価算定書を踏まえて株価の算定方法やその額について主張します。その株価算定書は、日本公認会計士協会の「企業価値評価ガイドライン」（平成25年7月3日改正）に準拠して作成されることが一般的です。算定方法には、配当還元法や収益還元法、DCF法のインカム・アプローチ、類似会社比較法や類似取引比較法のマーケット・アプローチ、時価純資産法のネットアセット・アプローチといわれるものがあり、これらを併用する方法もあります。

また、非流動性ディスカウント（上場株式ではなく取引の市場がないことを考慮した減額）やマイノリティディスカウント（株式の議決権割合が低いことを考慮した減額）がなされることもあります。

裁判所は、通常、専門委員を関与させて審理を整理し（非訟事件手続法33）、和解の勧試をし、和解に至らないときには、当事者に鑑定の申出をさせ、鑑定人による鑑定を踏まえて具体的な売買価格を決定します。

このとき、裁判所は、鑑定の前提とした事実に誤りがなく、かつ、前提とした資料の選択や専門的知識に基づく判断の過程に著しく合理性を欠く点がなければ、鑑定の結果を尊重することとされています。

Index

アルファベット

あ行

か行

Index

さ行

た行・な行

は行

ま行

や行

ら行・わ行

■ 問い合わせについて

本書の内容に関するご質問は、下記の宛先までFAX または書面にてお送りください。
なお電話によるご質問、および本書に記載されている内容以外の事柄に関するご質問にはお答えできかねます。あらかじめご了承ください。

〒162-0846
東京都新宿区市谷左内町21-13
株式会社技術評論社　書籍編集部
「60分でわかる!　会社法　超入門」質問係
FAX:03-3513-6181

※ご質問の際に記載いただいた個人情報は、ご質問の返答以外の目的には使用いたしません。
また、ご質問の返答後は速やかに破棄させていただきます。

60分でわかる!(ろくじゅっぷん) 会社法(かいしゃほう)　超入門(ちょうにゅうもん)

2024年3月 7日　初版　第1刷発行
2024年6月16日　初版　第2刷発行

編著……………………松本真輔(まつもとしんすけ)
著………………………後藤晃輔(ごとうこうすけ)、大島日向(おおしまひなた)、松下隼人(まつしたはやと)、渡邉(わたなべ)　凌(りょう)

発行者…………………片岡　巌
発行所…………………株式会社 技術評論社
東京都新宿区市谷左内町 21-13
電話……………………03-3513-6150　販売促進部
03-3513-6185　書籍編集部
編集……………………株式会社 エディポック
担当……………………秋山絵美（技術評論社）
装丁……………………菊池　祐（株式会社 ライラック）
本文デザイン…………山本真琴（design.m）
レイアウト・作図……株式会社 エディポック
製本／印刷……………大日本印刷株式会社

ISBN978-4-297-13997-1　C0034
Printed in Japan